Wolfgang Schmeltzl, August Silverstein

Ein Lobspruch der Stadt Wien in Österreich

Wolfgang Schmeltzl, August Silverstein

Ein Lobspruch der Stadt Wien in Österreich

ISBN/EAN: 9783743405882

Hergestellt in Europa, USA, Kanada, Australien, Japan

Cover: Foto ©Suzi / pixelio.de

Weitere Bücher finden Sie auf **www.hansebooks.com**

Ein Loßspruch der Stadt Wien.

Ein Lobspruch der

Hochlöblichen weitberůmbten Khů-
nigklichen Stat Wien in Osterreich, wölche
wider den Tyrannen vnd Erbfeindt Chri-
sti nit die wenigist, sondern die höchst Haupt-
befestigung der Christenhait ist, Ro. Khů.
May. ꝛc. vnserm aller genedigisten Herrn zů
Ehren beschriben, durch Wolffgang
Schmelzl, Schulmaister zun Schotten, vnd Burger daselbst im
1548 Jar.
Zů dem andern mal vbersehen
vnd gebessert.

(Facsimile des Titels der Original-Ausgabe von 1548.)

Ein Loßspruch
der
Stadt Wien in Österreich.

Von

Wolfgang Schmeltzl

Schulmeister zun Schotten und Bürger daselbst im
1548 Jahr.

Sprachlich erneuert und bearbeitet,

nebst Einleitung und Anmerkungen

von

August Silberstein

1892.

Wien. Pest. Leipzig.
A. Hartleben's Verlag.

Einleitung.

Ein unschätzbares Denkmal des vor Jahrhunderten bestandenen Wien, dem Geiste und der Sprache nach ein Spiegelbild, aus welchem Vergangenes klar herausblickt, ist uns in Schmeltzl's Lobspruch der Stadt Wien erhalten. Städteabzeichnungen nebst Reimen herauszugeben, war eine Sitte der Zeit, die man mit Hans Sachsens Dichtungen in solcher Beziehung am deutlichsten kennzeichnet. Unser Lobspruch ist ohne Bild, aber die ersten Darstellungen Wiens von Hirsvogel waren eben damals im Erscheinen und wahrscheinlich wird, daß sie den Spruchverfasser mit anregten.

Ein fremder junger Mann aus der Pfalz, der von dort über den Norden wanderte, da er Leipzig erwähnt, kam westseits dann vom Marchfelde über die Donau nach Wien, war geschult und musikalisch, fand hier Brot und Behaglichkeit als Kirchensänger und Schulmeister. Er mochte mehrenorts Schauspiele gesehen haben, und dann, wie er in seiner Vorrede sagt, hat er in Wien „järlich ein Comödiam geschriben, damit das gemain ungelert jung volck durch Hystorien vnd Exempel zu einer besserung geraitzt wurde, wie hoch von nöten". Und die „Comödia des verlornen Sons" ist gedruckt, „wie ich sy vor Kö. Khü. May. in dem vierzigsten jar alhie zu Wienn gehalten". Viel Ehre. Sodann hat er sich auch vorgenommen, „dise Stat, jr Herrligkeit vnd Policey kurtzlich zu beschreiben, damit das gemain volck doch sehe vnd versten müg, in was Rosengarten, Lust vnd Paradeys vns der Almechtig Gott für ander Nationen vn Lande gesetzt". Dies muß doch spät in seinen Jahren geschehen sein, da er schon vom Lohn für lange Dienstjahre spricht und ihm nebst Grundeigenthum ein „herrlich provision verschriben". So haben wir ein Gemenge von Gunst, Vorliebe, genauer Aufzählung von Maaßen, Gewichten, Mengen, Ziffern und Kaufbeträgen, von Leben und Treiben, mit genauer Schilderung der Straßen und Plätze.

Zu unserer gerade bedeutungsvollen Zeit — die Jahreszahl 1892 bezeichnet das Erstehen des sogenannten Groß-Wien — in welcher das Alte mehr schwindet als je, die Reste der Vergangenheit noch immer hereingucken, das Neue sich emporhebt, jedoch eine gewisse Innigkeit nach Halb- und Ganz-Gewesenem zurückdenkt, habe ich es wohlgethan gefunden, dem geliebten Wien ein Denkmal zu erneuen, auch den alten Schmeltzl wieder auf den „hohen Markt", der lange nach ihm in der wesentlich alten Form blieb, und den man uns neu und doch für wenige Frist — in der Ausstellung im Prater — „alt" wiedererbaut, zu stellen.

Er muß freilich mit allen Leuten da reden, daß sie ihn heutzutage verstehen, auch, da er in Reimen spricht, solche sagen, die zierlich unserer Sprechweise eigen. Er hatte es zu seiner Zeit bequemer, er fand leichte Reime, nemlich: hat und Brot, on und man, war und Thor, wur und verlur (ward und verlor) orten und Garten, Ernfesten und Hochweisen, Enzianer und Stabkammerer, Wachtern und Latern — all dies und letztere Worte, wie Namen, in ihren Endsilben betont, waren ihm Reime. Aus der mittelalterlichen Sprache wurde auch manche Kürze und Schönheit nicht herübergerettet, und so galt es das Möglichste thun. Vorerst mußte ich Entschluß fassen, ob er beliebig zu übertragen seinem Inhalte nach, oder ob ich seinen Zeilen genau folgen solle. Das charakteristische Gepräge, jenen ehrwürdigen Hauch, jene rührende Schlichtheit beizubehalten, die uns, ich möchte sagen, „unter Thränen lachen macht", stand bald bei mir fest und so begann inner den begrenzten Zeilen eine strengere Arbeit. Es galt auch zu beschließen, welches Versmaaß sie haben sollen, da sie ein halb Jahrhundert zuvor geschrieben, ehe Opitz Töne und Maaße „von der teutschen Poeterei" in Gesetze gebracht, die nunmehr in Geltung sind und bleiben. Da zeigt sich auch bei Schmeltzl jenes Vorgefühl, welches eine gute Sache erweckt, denn man findet einzelne Zeilen von einem richtigen jambischen Gange und eine Reihe von Silben, auf deren „Füßen" der Sinn dem Klange wohl zuschreitet. Freilich sieht man auch bald Sprünge und Gangarten der seltsamsten Art. Es konnten also seine Zeilen, welche von Namen, Zahlen, Maaßen, Titulaturen ganz oder fast erfüllt sind, nicht immer in die neuartige Form gebracht, selbst zuweilen nicht durch eine glatte Hinzufügung unmerkbar eingeordnet werden. Wo es aber Ersatz und Ergänzung galt, da mußte so gethan werden, als hätte es Schmelzl selbst geschaffen, daß nichts Neues in irgend einer Fuge bemerkbar werde. So geht und gehe es glatt weg. Freilich konnten jene von Allerstrengsten gewünschte Reime nicht immer in solcher sich deckenden Buchstabengleichheit geführt werden, die selbst Goethe und Schiller nicht kannten, oder nicht kennen wollten, da diese Herren ahnten, daß der stärkere Grundton des Gedankens leicht einem schwächeren Nebenton im Worte zugute komme, und deshalb werden die Klänge hier umsomehr den Eindruck aus richtiger Zeit und einer Chronik machen, die doch wesentlich das Ganze ist. Wie selbst die Schreibweise und dadurch Betonung eines Wortes ungleich oder „verschmelzend" war, möge der Name des Schulmeisters zeigen. Er steht in den von ihm wiederholt gedruckten Zeilen und in derselben Ausgabe bald als Schmeltzl, Schmeltzel, bald Schmöltzl, Schmöltzel oder Schmältzl, Schmältzel — ein Mitschuldiger rechtschreiberischer Wildheit, die uns bis heute zu schaffen macht.

Die damaligen Einrichtungen des kleinen Wien müssen Groß-Wien interessiren, das Einstige lebt vor dem geistigen Auge auf — zum Beklagen — zum

Belachen — zum Beloben — je nach seiner Uebereinstimmung oder seinem Gegensatze.

Eines wollen wir nicht vergessen: Schmeltzl enthielt sich jeder Einbeziehung der inneren politischen und kirchlichen Kämpfe seiner Zeit unter König Ferdinand I., Bruder Kaiser Karl V., welche gerade daran so reich war. Und deshalb erscheint Erfreuliches in dem heitersten Lichte. Jene Türkennoth, die ängstigte, jenes üppige Leben unserer Vorgänger, kehren niemals wieder, und man begreift umsomehr, wie Schiller noch von Wien sagen konnte:

„Immer ist's Sonntag, es dreht immer am Herd sich der Spieß."

Mein Weg führt mich gerade oft über jene Plätze der inneren Stadt, die der Beschreibende lobt, und oftmals, ohne daß ich an meine nunmehrige Arbeit gedacht, stand der historisch schildernde Schulmeister im Geiste vor mir. Nächst der Schottenkirche und dem Stifte wohnend, wo er gewirkt, konnte ich seine Bilder manchmal so wenig im inneren Sehen zurückdrängen, wie jene gemalten Bilder des Canaletto, aus dem vorigen Jahrhundert stammend, welche im Kais. Kunstmuseum das Auge erstaunen. Diese, wie jene spiegeln Vergangenes, auch die alte Schottenkirche glich der heutigen nicht, sie war eine gothische, mit Kreuzschiff und gekreuztem Dache, worauf ein spitzes Thürmlein saß, und schwand für die heutige, 1648 vollendete.

Doch, mein lieber Schmeltzl, Ihr wandert mir da auf dem alten Grunde und durch das magische Licht der Kirchenthoröffnung wie einst, und da muß ich Euch ein bißchen anhalten, wie Euch ja zuvor in Wien geschehen.

Ihr seid ersten Weges aus Kemmat in der Oberpfalz gekommen. Habt es selbst in der Schluß= rede der „Hochzeit Cana" gesagt. Euer Vater war ein frommer, braver Handwerksmann, steht ja, wie Ihr's im Lobspruch selbst geschrieben. Aber Ihr ver= schweiget Geburtsjahr. Seht, was die Hand eines Mannes, der zu Eurer Zeit gelebt, auf ein in Elber= feld entdecktes Exemplar Eures „Der Christlich und Gewaltig Zug ins Hungerland" geschrieben: „Dieser Wolfgang Schmeltzel ist zu Amberg Cantor gewest, ein ehrlich ehelich Weib und Kindle gehabt, ist aber davon in Oesterreich gezogen, sein Hausfrau ver= langnet vnd ein papistischer Pfaff wordn, Got gebs ime zu pereuen." Soll man das von Euch glauben? Auf Eurem oben genannten „Zug", im Jahre 1556 n Dien gedruckt, ist und zu lesen: „Hausherr der Sanct Lorenzen auf dem Heinrich." Und das ist ohne Zweifel, da sogar mit Bezug zu einem „Drucklein der Pfarre" zwei neue End. Schnisigel, 1537 geschriebene und unterschriebene Urkunden gefunden wurden. Auf dem Titelblatte der „Judith", 1542, nennt Ihr Euch „Schulmeister zum Schotten", auf „David", 1545, „Burger und Schulmeister", auf „Kurtzweiliger teutscher Gsang", 1544, „Burger zu Wien". Ebenso ist zu erfahren aus den Aufzeichnungen der Wiener Stadtprotokolle, daß Ihr im Jahre 1550 die Erlaubniß erhieltet, „am Klosterladen auf dem Hof" ein Haus zu erbauen. Dieser Grund war auf der jetzigen Freiung. Der Pater Geschichtsschreiber der Benedictinerabtei zu den Schotten, sagt von Euch in seinem nicht lange her erschienenen Buche: „Seiner treuen Dienste wegen ließ man einen öden Stock neben des Klosters Getreidekasten baulich herstellen und sicherte ihm und seinem Sohne Jonas die Nutznießung desselben auf Lebenszeit zu." Das wirbelt hübsch durcheinander und läßt ja gar nicht klar werden!

Wir wollen's ein bißchen versuchen. Nun, der Mann muß jung nach Wien gekommen sein, als etwa in den erften Jahren des Jahrhunderts geboren. Unruhig Blut, Mufikant. Singen war wohl fein befter Theil und broteswegen der Kirche zuwandt. In der Vorrede zur „Judith" fagt er: „In vergangen Jar... in studio geftanden." Er hat alfo hier gelernt und gut Latein, das er nach gedruckten Beweifen dann zierlich fchreiben konnte. So wurde er Meifter der Schule. Daß er übel verheiratet gewefen fein mag und feine Laft auf dem Herzen hatte, fagen die Worte in der Vorrede der „Hochzeit": „Wenn Got dem Mann, wie ich nun lange Zeit von meiner Sünd wegen felbes erfaren, ein gotlos vnzüchtigs weib gefchickt." Alfo lange Zeit her und nicht etwa eine zweite Gattin. Und hier verläßt uns wieder die fichere Führung, denn wozu brauchte der einzelne, fozufagen ledige Schulmeifter Bürger zu werden, und derlei war ja gar nicht Gewohnheit! Und doch ein Sohn. War dies vielleicht das Kindle? Von fo Vielerlei fagt der Lobfpruch der Stadt, nur nicht von den holdfeligen Frauen und Mädchen, an denen fie fo reich war und blieb! Lobfprecher Wiens! Verfchwiegenheit? Daß des Sohnes Vater fchließlich doch Geiftlicher werden konnte, und zwar in einer feltfamerweife nicht den

Schotten, sondern dem Gurker Dome damals unterstehenden Pfarre, ist ein unbedenklicher Fall, und umsomehr in einer Zeit, welche großen Mangel an Priestern litt, so daß Kirchen und Pfarren oft lange verwaist blieben. Er war zudem ein Lateiner und Gelehrter. Zog sich der Mann aus seinem Hause zurück, weil es durch Tod verödet und er doch wieder nach Allem, Allem, in der Welt allein war? Wann er gestorben, wir wissen es gerade so, wie wann er geboren wurde. Hausherr, Bürger, Geistlicher, Schulmeister, Musikant, Jonas ... Jonas im Bauche des Walfisches!

Schmeltzl, Ihr waret jung und habt der Jugend Unbestand mit Euch durch's ganze Leben genommen. Ihr trafet, nach Eurer Aussage, alsbald bei Eurer Ankunft in Wien einen Mann mit Schlüsseln. Ah, der Kellermeister! und des Abtes Stufen! Cantores amant humores! Der Musikant ans Naß gebannt, wollen wir's hier übersetzen. Und darum wolltet Ihr auch von anderen „Händeln" nichts wissen. Der Schlüssel. Ihr habt gedichtet und gelobpreiset und Freiung und Mistl und Steinfeld gefunden. Welche bedeutungsvolle Ortsbezeichnungen! Laßt uns lächeln und lachen, ob alles Vergangenen — Freiheit und

Staub und Stein — ach Schmeltzl, Eure Gebeine sind verschwunden, Euer Stein ist verschwunden, Euer Haus ist verschwunden, Eure Sünden sind vergessen, wie Eure Schicksale, Euer Lobgedicht ein bleibendes Vergnügen — obwohl nur in einem einzigen Originalexemplar und dies in unserer Stadtbibliothek vorhanden — Euer Schlußgebet für den Sieg des Guten jedoch erfüllt, von damals aber nur eine innige Zuversicht. Ihr habt zu Wien, als der Erste jener Zeit, wieder deutsch gedichtet und seid in die Schuhe des braven Nürnberger Meisters Hans getreten — wohlan, Ihr habt viel geliebt, die drei besten Dinge — Euch wird viel vergeben — möge auch uns erfüllen, was bei Euch mit prächtiger Kraft zum Ausklingen kommt, die Zuversicht zum Siege des Guten für eine Zukunft in foro alto, auf „hohem Markt"!

Wien, zum Maibeginn 1892.

Dr. August Silberstein.

Man spricht: „Verstand kommt nicht vor Jahren,
Ein junger Gesell soll viel erfahren,
Nicht allzeit hinter dem Ofen sitzen,
Nägel abschneiden, Hölzlein schnitzen,
Die Grillen stacheln, Fliegen schlagen, 5
Er wird sich keine Gunst erjagen.
Wenn nichts er gehört und nichts gesehen,
Was so daheim wie fern geschehen.
Ein Solcher weiß gewiß nicht wohl
Wie man's mit Fremden halten soll, 10
Noch weniger wird, was Allen nützt,
Von ihm erfahren und beschützt.
„Ein junger Gesell, der Land nicht schaut,
Der wird wie ungeschmalzen Kraut,
Er sei denn in der rechten Stadt, 15
Die Kunst, wie Lehre reichlich hat,
Auch gute Sitten — so mag er bleiben,
Im Vaterland sein Leben treiben.

Oft fliegt die Gans hin übers Meer,
20 Kommt doch als Gans nur wieder her.
Zumeist belehrt die Fremde recht,
Macht oft zum Herrn den armen Knecht,
Der sonst daheim verstinkt, verfault,
Aus Langeweil um Nicht'ges mault."
25 Solch' Rede hat oft mein Vater gethan,
Ein frommer armer Handwerksmann.
Wohl ließ er mich's mit Absicht hören,
D'rum mocht' ich mich zur Fremde kehren.
Des Reiches Städte im Römischen Reich
30 Besah ich, in dem Fleiße gleich,
Auch war ich achtsam zu dem Ende,
Daß ich den Ort für Nährung fände.
Es ließ sich gar nicht übel an,
Manch' prächtige Stadt, gelehrten Mann,
35 Und schöne Ordnung ich da fand,
Doch weil zu wenig mir bekannt,
Mocht' ich nicht bleiben an dem Ort,
Es fiel mir ein des Vaters Wort,
Das ich gemerkt mit allem Fleiß,
40 Ein rechter Mann geht weit und weiß
Welch' treffliche Rede hat gethan
Der Kaiser Maximilian:
„Er hab' ein Land mit gold'nen Bergen,
Die Straßen dort ganz silbern wären!"
45 Auch sprach er oft: „O Oesterreich,
Wo mag man finden Deinesgleich'?

Kein Land mir so gefallen hat,
Dein Name bewährt sich in der That!
Der beste Saffran in der Welt[1]
Wächst neben Korn und Wein im Feld.
In meisten Jahren Ueberfluß,
Wer's sieht, gerecht da loben muß.
Viel Lande das Herzogthum allein
Alljährlich speist mit Korn und Wein.
Die Auen, die der Donau neben,
Genug an Holz zum Brennen geben."
Erstaunt, sagt' er zu öfter'nmalen:
„Man könnt' mit großem Gut nicht zahlen
Die Weinstecken in dem Weingarten,
So man bedarf, um ihn zu warten!
Ein Land, an Volk gewaltig reich,
Die Münze gut, die Maaße gleich.
Viel Kaisern, Kön'gen, Fürsten und Herr'n
Aufleuchtet hier des Lebens Stern!"
Der Worte konnt' ich mich besinnen,
Wollt' auf dem Plattschiff abwärts rinnen[2]
Bis hin zu Korneuburgs Gestad'.
Dort kam's, als wollten wir ein Bad
Und mit der Nase Grundel fangen.[3]
Zu Fuße bin ich dann gegangen,
Zur Wolfsbrücke gelangt' ich bald.
Ich dacht', den ganzen Böhmerwald
Hätt' man genommen und abgehaut.
Damit die Brücke hier erbaut.

Zweihundertsechzig Schritt sie zählt
Und dreizehn Joch, doch ist's gefehlt
Um sie, wenn Eisstoß wie Wasserkraft,
Das Riesenwerk zur Tiefe rafft!
Nicht weit ging ich auf trock'nem Land,
Die klein're Brücke bald ich fand,
Acht Joch und hundertsechzig Schritt.[4]
Ein alter Bauer humpelt mit,
Der frägt: „Weshalb ich meß' und zähl',
Mich sorg', daß ja kein Schritt mir fehl'?"
Sagt ich zu ihm, mich wund're sehr,
Wie hier so breit die Donau wär',
Bewältigt auch der mächtige Bau.
Noch mehr der Brücken zählt die Au.
Schon meint' ich nahe mich der Stadt.
Er sprach: „Noch Brücken man hier hat.
Von da bis Wien, o glaubet mir,
Mehr als die halbe Meil' habt Ihr.
Schaut hin, die lange Brücke seht!
Der Weg erst recht zur Donau geht.
Da ist gewalt'ges Holzwerk noch,
Fünfhundert Schritt lang, dreißig Joch,
Zu dieser Brücke sind erbaut.
Nun zieht den Riemen, zahlt die Mauth!
Hier kommen wir zum Tabor ein.[5]
Ihr findet Bier und guten Wein.
Bei diesem Mauthhaus, früh wie spät,
Die königliche Majestät

Den halben Theil der Mauth nimmt ein,
Den halben Theil die ehrsam' Gemein'
Zu Wien. Was täglich hier entfällt,
Dafür Stadtbauten man erhält.
Bestellt sind Mauthner, fleißig, treu,
Das Geld verwendet man aufs neu'
Für das, was ringsum nöthig ist.
Der edelfeste Herr, zu dieser Frist,
Sebastian Steger, als Bürgersmann
Und Brückenmeister sich nennen kann.
Sein treuer Dienst ist anerkannt,
Als Hauptmann ist Stefan Schwarz genannt,
Er leitet sieben Mauthner auch,
Die Mauth zu fordern, nach Gebrauch.
Sie dienen, sehen darauf mit Fleiß,
Daß stets im Jahr zu haben Eis.
Sie legen's in eine Grube dahinter,
Dort bleibt es starr im Sommer, wie Winter."
Ich gab den Zoll und ging für mich.
Alsbald zur Schottenau kam ich.
Da waren Herren mit gold'nen Ketten,
Sie sprengten auf Türken und Genetten[6]
Und trieben manches Ritterspiel.
Zugleich auch Bürger, Kaufleut' viel
Spazierten, eilten hin und her.
Als ich da hörte schreien sehr,
Sah ich mich um; was sollt's d'rum sein?
Man führte große Fässer voll Wein

Der Einlag zu, und standen fern
In großer Schaar die Chorherr'n.
Gesind in Lumpen, trunken, verwegen,
Beeilte sich mit Handanlegen.
135 Es fuhr herbei manch schwerer Wagen,
Viel tausend Eimer vor da lagen,
Wie oft zu Herbsteszeiten hier.
Der Kaufleut' einer sprach zu mir:
„Ich merk es wohl, daß Ihr nie seid
140 Dahier gewesen. Zur Lesezeit
Würdet Ihr seh'n noch bunt'res Leben,
Mit Führen, Tragen, Zieh'n und Heben.
Wer zu Martini nicht führet ein,
Dem wird's nachher verwehret sein.
145 An einem Tage geh'n aus Wien,
Viel Tausende zum Lesen hin.
Das Lesen vier der Wochen währt,
Alltäglich fünfzehnhundert Pferd',
Dreihundert Wägen kommen an,
150 Die oft dreimal'ge Fahrt gethan.
Sie bringen allesammt den Wein,
Das wird doch schöner Weinwuchs sein!
Wohl muß man viermal in dem Jahr,
Den Grund mit Hauen machen klar,
155 Nebst anderer Arbeit, die man thut,
Den Garten herzurichten gut,
Als, schützen vor den frostigen Winden,
Beschneiden, klauben, jäten, binden,

Abgipfeln, Stöcke schlagen, graben,
Zum Lesen muß man Buben haben,
Die ernten, mosten, Butten tragen,
Den Fuhrmann auch mit Roß und Wagen,
Der führet heim den Maisch ins Haus,
Dann pressen Presser Most daraus,
Die Binder müssen auch da sein,
Sie fügen Arbeit viel darein,
Bis alles richtig in dem Keller.
Wir halten daheim nicht einen Heller,
All' Geld, das wir im ganzen Jahr
Einnehmen aus Wein und anderer Waar',
Rinnt auf der Donau in Oesterreich!" —
Ich sah die Berge, dachte gleich,
Das sind die gold'nen Berg' und Straßen,
Die lobt der fromme Kaiser allmaaßen!
Und ob des Weines Ueberfluß,
Führt man herab auf Wogenguß,
So Gold, wie Silber, Spezerei,
D'rum spricht er: „Donau silbern sei!"
Die Kaufleutsknecht', die mit uns zogen,
Sie trugen Geld, daß sie sich bogen,
Im Gürtel, Besatze und in Säcken.
„Wird es die Wiener nicht erschrecken?"
So dacht' ich mir, gefiel's mir wohl,
Wenn ich die Wahrheit sagen soll.
Zur Schlachtbrücke ging ich dann mit,[7]
Hat fünf Joch, sechsundneunzig Schritt.

Ich stand und sah ein Abenteuer.
Die Galeoten speiten Feuer,
Und auf Galeen schoß geschwind
Ein schnell und muthwillig Gesind'.
Sie schiffen, feuern über sich,
So flink, daß es verwundert mich.
Als ich die Stadt vor mir erschaut,
„O edles Wien!" sprach's in mir laut,
„Du bist die Pfort' und Zier allzeit,
Die Feste Du, der Christenheit!
Der Türke sich, so früh wie spat,
Den Kopf an Dir zerstoßen hat!
D'rum jeder Flecken um und um,
In diesem schönen Erzherzogthum,
Ja auch die Christen alle schier,
Dich lieben, hoffen Hilf' von Dir!
Daß ich Dich nun besicht'gen soll,
Dank ich, mein Gott, bin Freuden voll!"
Als ich nun nahe kam dem Thor,
Sah ich geharnischte Männer davor,
Sie fragten mich, woher mein Weg,
Und meine Antwort säumt nicht träg.
„Die Donau abwärts kam ich, sogleich
Zu seh'n das Haus von Oesterreich,
Weil alle Welt so viel d'rob sagt!"
Herr Caspar Waidenlich mich fragt —
Ein Mauthner bestellt vom Wiener Rath —
„Woher, mein Landsmann, nun so spat?"

„Mein lieber Caspar; oben herab!" 215
„Denk' wohl, daß ich geseh'n Euch hab'
Zu Leipzig und in and'ren Städten?
Mein lieber Freund, ich wollt' schier wetten,
Ihr wär't Wolf Schmeltzl, ich soll Euch kennen?"
„Ja wohl, so thue ich mich nennen!" 220
„Mein lieber Wolf, ich freu' mich Dein!
Sag' mir, was führt Dich hier herein?"
„Mein Caspar, hast Du nicht gehört:
Des Menschen Brot ist gottbeschert,
Am Ort, den er vermuthet nie? 225
In solcher Meinung bin ich hie,
Ob ich gewänne da mein Brot."
„O Wolf, der solchen Rath Dir bot,
Vergönnt Dir Gut's und räth Dir recht!
Wie mancher fremder, armer Knecht, 230
Der Treu' in Diensten nie verletzt',
Wird hier in Ehr' und Gut gesetzt!
Wer sich zu Wien nicht nähren kann,
Ist überall ein verdorb'ner Mann!
Sieh' nur dahin, welch' Tragen und Führen, 235
Die Wägen sich beinah' berühren!
Nur heut', auf diesem Markt allein,
An Wagenlasten gingen ein,
Dreiundzwanzig siebenhundert!"
Ich sprach: „Vom Herzen mich das wundert, 240
Woher man nimmt so viel Getreid'?"
„Ja wohl, Du siehst zu solcher Zeit

Bei ander'n Thoren, in gleichen Tagen,
Mit Proviant gelad'ne Wagen!
An allen Wochenmärkten, Samstag,
Glaub' mir's fürwahr, so wie ich's sag',
So viel auch Frucht zu Markt gestellt,
Wird alles Vormittag zu Geld.
Wie sehr die Kriege brachten Noth,
Es mangelt doch kein Bissen Brot.
Wo ist ein Land, das noch vermöcht'
Unkarg zu speisen so viel Knecht',
Wie Wien gethan, die edle Stadt,
Aus welcher man geführet hat,
Achtundvierzigtausend Eimer hinein
Ins Lager, des Landes guten Wein?
Und ob auch schon zum zweitenmal
Das Land verheert ward überall,
In solchem Krieg und großer Noth,
Die Pfennig-Semmel wog neunzehn Loth
Von Roggen gar fünfundzwanzig.
Auf drei Pfund zwanzig Loth,
Mußt' man den Kreuzer-Laib doch backen,
Da konnt' den Kriegsmann Lachen packen!
Zu Hause mußt' er Wasser trinken,
Hier läßt er Wein zum Hals einsinken.
All das, was mocht' vonnöthen sein,
An Fleisch, Getreid' und Käse fein,
An Flügelvolk und Fisch und Wein,
Was nur Begehr', war reichlich hier,
Die Maaß des Wein's galt Pfennig vier.'

Wenn Einer beſſ're Münze reicht,
Der Wirth ſie gerne gut begleicht,
Und wird des Weines mehr ihm geben.
Nun auf, beſieh' die Stadt Dir eben!"
Wer kommt? Nun gar Wolf Haller ſeht, 275
Mauthner, königlicher Majeſtät —
Er hat die Stimme lachend erhoben:
„Betrachtet hier die Speckſeit' oben,[9]
Wohl unterm Rothenthurme hangen.
Dadurch will Kunde man erlangen, 280
Ob Einer, zög' ein er oder aus,
Sein Weib nicht fürcht', iſt Herr im Haus —
Von Solchem ſei er abgenommen.
Jedoch bisher iſt Keiner kommen!
Er hängt ſchon manch' Jahrhundert her!" 285
Ich ſprach: „Mir iſt er viel zu ſchwer!
Bevor mein Weib ich zürnen wollt',
Lief ich viel weiter als ich ſollt'.
Doch gern ein Küflein Salz ich zahl',
Käm's zum Verſuche doch einmal!" 290
Als ich die Stadt beſah mit Fleiß,
Vermeint ich mich im Paradeis,
Gewaltige Höf' und Häuſer ich fand,
Dergleichen kaum in einem Land,
An Bilderſchmuck ſo überreich, 295
Daß ſie den Fürſtenſälen gleich,
Mit Thürmen, feſten Giebelmauern,
Bei Krieg und Feuer zu betrauern!

Die Ziegeldächer schön mit Zinnen,
300 Schier besser gebaut im Grunde d'rinnen,
Als oberhalb, das glaube mir,
Nicht bloß zu Prunk und Augenzier.
Die ganze Stadt ist untergraben,
Will weit und tief die Keller haben,
305 Gar voll gesteckt mit kühlem Wein,
Könnten nicht besser, kühler sein!
Die Mauern sind von Ziegeln und Stein,
Die Fenster mit Eisengittern fein,
Und meistens doppelt gar versehn,
310 Daß nie ein Unfall kann geschehn.
Der Vogelsang so schön erschallt,
Als ging ich in dem grünen Wald!
Die Gassen hübsch in g'rader Sicht,
Der Reinheit wird vergessen nicht.
315 Gepflastert ist der Hof, das Haus,
Mit hartem, großem Stein durchaus.
Und jede Gass' der ganzen Stadt,
Zum Vorzieh'n ihre Kette hat.
Wenn je der Feind ins Inn're käm',
320 Groß wär der Schaden, den er nähm',
Den Fall könnt ihr's doch nicht bereiten,
Man schöß' und würf' von allen Seiten,
Er spräch: „O wär ich d'raus, mit Fug,
Der Aepfel und Birn hätt' ich genug!"
325 Ans Lugeck kam ich von ungefähr,[10]
Da gingen Kaufleut' hin und her,

In fremder Kleidung bunterlei,
Und sprachen fremde Sprachen dabei,
Ich dacht', ich wär' nach Babel kommen,
Wo Sprachenwirrniß Anfang genommen, 330
Und hört' ein seltsam Geträtsch, Geschrei,
Auch schöne Sprachen mancherlei.
Hebräisch, Griechisch und Lateinisch,
Deutsch, Französisch, Türkisch, Spanisch,
Böhmisch, Windisch, Italienisch, 335
Ungarisch, gut Niederländisch,
Natürlich Syrisch, Croatisch,
Serbisch, Polnisch und Chaldäisch.
Des Volk's war da die große Menge,
Ich zog mich bald aus dem Gedränge, 340
Ging bei Sanct Stefans Friedhof ein.¹¹
In aller Höh' sah ich den Schein,
Der Sonne Abglanz sich da malt,
Wie ein Komet vom Himmel strahlt.
Viel frembes Volk schaut hoch ins Blau, 345
Sieht seine Wunder an dem Bau.
Den schaffen konnt' die Menschenhand!
Der Thurm voll Zacken vor uns stand,
An dessen Spitze leuchtet auf
Ein Knopf, als wär' die Sonn' darauf. 350
Achteckig und von Kupfer gemacht,
Mißt er Getreidemetzen acht.
Wenn Wein sein Inn'res messen soll,
Wird er mit sechzen Eimern voll.

355 Mit bestem Gold vergoldet rein,
Darauf ein Stern und Halbmondschein.[12]
Die Spitze reichet zu den Wolken an.
Und als zu messen ich begann
Des Thurmes Weite, im Fundament,
360 Fand achtundzwanzig Schritt behend
Ich jederseits der Vierung gar.
Allmählich nahm ich besser wahr
Der schön gehau'nen Bilder Menge,
Rosen und Gewächs im Gedränge,
365 Aus Quaderstein gesetzt zusammen,
Vergossen mit Blei die Eisenklammen,
Befestigt wohl mit Eisenstangen.
Der Thurm mit Laubwerk gar durchfangen,
Und ohne Dach, durchsichtig zu Tag,
370 So zart, als man's zu sehn vermag.
Die Thürmer bliesen auf der Zinnen,
Mir war's, wie Engelsanges Beginnen.
Ich schellte dann und sagt' mich an,
Die Thüre ward mir aufgethan.
375 Auf eine Schneckenstiege breit,
Gut anderhalben Klafter weit,
Aus Stein, gelangt' ich mühsam schier;
Der Stufen: vierhundertzwanzig und vier.
Auf einen Gang kam ich hinaus,
380 Da konnt' dem Aug' das kleinste Haus
Entgehen nicht, ich sah jed' Ding,
Ging um den Thurm in einem Ring,

Schaut weit hinaus, auch auf die Stadt
Hinab, wie ins Thal Josaphat!
Das Volk that durcheinander laufen,
Ameisen gleich in ihrem Haufen.
Das Herz mir da in Freuden schwoll!
So Plätze wie Gassen waren voll.
Obwohl nicht alltag Kirchfest ist,
Sieht man viel Volk zu jeder Frist.
Nach Höh' des Thurms hab' ich gefragt,
Der Stadtmeister als wahr mir sagt:
Vom Mondbild bis zur Erd' hinab,
Sechsundachtzig Klafter er hab'.
Auch fand ich in des Thurmes Gemäuer,
Eine Glocke, an Größe ungeheuer,
Die hört man in die Weite sehr,
Ist hundertundsechzig Centner schwer.
Auf einem Stuhlwerk gut sie liegt,
Ihr Klöppel sieben Centner wiegt.
Eine Uhr in aller Höh' auch steht,[13]
Künstlich gemacht und recht sie geht,
Für Jeden gilt ihr Zeigen richtig,
Wiewohl die Ziffer klein und nichtig
Den Menschen dünkt, doch sicher ist,
Ein Strich drei Viertel, ein Achtel mißt.[14]
Die Viertelstunden schlägt die Uhr,
Doch Mancher folgt nicht gut der Spur,
Daß er die Zahl wohl merken kann,
So schlagen Wächter nochmals an.

Das Preimglöcklein auch hängt darin,
Und vor des Sanges Anbeginn,
Alltäglich früh, wie Desperszeit,
Ertönt, die Stund' lang, ihr Geläut'.
415 Ich stieg nun ab und kam hinaus,
Besah das mächt'ge Tempelhaus.
Das Dach erschien, als wär's bemalt,
In bunten Farben mannigfalt.
Verglaste Ziegel sind die Zier,
420 Auch führet rings ein Gang dahier,
In aller Höh' schön ausgehaut
Und aus Gesteine auferbaut.
Das Holzwerk zu des Daches Gestalt,
Steht innen wie ein dichter Wald.
425 Der Tempel hat fünf Pforten weit,
Ringsum ist aneinand gereiht,
So feines Bildwerk daß man glaubt,
Das wahre Leben höb' sein Haupt.
Des Neidhart's Grab, zunächst der Thür,[15]
430 In Schönheit ist's gesetzt herfür,
Historien zeigt es wunderlich,
Weil viel der Brüder hinter sich
Er ließ, die geh'n da aus und ein,
Doch Keiner will ein Neidhart sein!
435 Mein Gott! Wie viel von werthem Alten
In Schrift und Bild ist da erhalten.
Solch' steinerne Monumente,
Man nirgends wieder sehen könnte!

Hab' mich zur andern Seite gewandt,
Und einen neuen Thurm ich fand, 440
Der wuchs erst aus der Erd' herfür,
Grad' gegenüber jener Thür,
In Größe, Schönheit und Gestalt,
Aus Stein, gleich jenem, der schon alt.
Und wär' der Türk nicht kommen heran, 445
Er ragte wie jener himmelan!
Mit Freuden ging ich zum Tempel ein,
Da war ehrsamer Rath und Gemein'
Versammelt zu hören Gottes Wort,
Wie sich gebührt an solchem Ort. 450
Viel tausend Menschen standen da,
Es predigt' Bischof Nausea,
Wie er es liebet jederzeit,
Zu lenken selbst sein Lamm zur Weid'.
Den Predigtstuhl schaut' ich mir an 455
Und dacht', fürwahr ein Mensch dies kann,
Aus Stein so Zartes, Feines machen?
Mein Herz that mir vor Freuden lachen!
Die Kindlein, wie in frohem Lauf,
Sich narrten, kehrten sich hinauf, 460
Auch manche Kröt', Eidechs' und Schlang',
Trotz dem Gestein, ist wie im Gang',
Sie krümmen, bäumen sich sogar,
Lebendig scheinen sie fürwahr.
Der Meister, der dies Stück erbaut, 465
Hat selbst sich künstlich ausgehaut

In Stein, der Stuhl wird ihm zum Haus,
Er schauet unt' zum Fenster heraus.
Das Pflaster ist von Marmelstein,
470 Es glänzt mit lichtem Wiederschein.
Viereckig ist's, schön roth und weiß,
Macht kühl und hell, so wie das Eis.
Als bald verlief das große Gedräng',
Maß ich die Weite und die Läng'.
475 Das Langhaus und der Chor damit,
Hat hundertsechsundneunzig Schritt.
Die Breite siebzig Schritt enthält.
Vom Herzen mir noch Eins gefällt,
Des alten Kaiser Friedrichs Grab,
480 D'rob ich mich sehr gewundert hab'.
Von Marmelstein so schön gemacht,
Daß Einem das Herz im Leibe lacht.
Der Stein wird zum Historikon,
Man sieht die ganze Passion,
485 Und ausgeformt zudem so rein,
Als thät's von Gold und Silber sein.
Geglänzet so vortrefflich, daß
Du meinst, es wär' ein Spiegelglas.
Der Fürsten Grabstatt auch dabei,
490 Hat Schrift und Bilder allerlei.
Den Chor ich sah, die Stühl' zugleich,
Ich glaube, daß im ganzen Reich
Kein and'rer Chor so hochauf gehe
Und kein Gewölb' so ragend stehe,

Gestützt auf achtzehn Pfeilern dick. 495
Auch schweben da, an manchem Strick,
Figuren so kunstvoller Art,
Daß ich darob verwundert ward.
Soll ich erzählen, in der Länge,
Der Kirche Zier, Ornat, Gepränge? 500
Fürwahr, sie gleicht in allem dem,
Dem Tempel zu Jerusalem!
Kein Mangel ließ' sich da ergründen,
Gestiftet sind dreihundert Pfründen,
Bisthum, Chorherren und Propstei, 505
Auch hält man eig'ne Cantorei,
Dazu zwei Orgeln, groß und klein.
Die große schließet in sich ein
Zum Stimmwerk, Pfeifen, gut und fleißig,
Tausendsiebenhundertachtunddreißig. 510
Der Taufstein in der Mitte steht,[16]
Und wer an ihm vorüber geht,
Mag ihn ersehen, daß er rein
Ausgehauen ist aus Marmelstein.
Hernach fand ich beim Kreuzaltar 515
Tapissereien viel; er war
Bedeckt ganz köstlich; und ihm nah',
Ich einen würd'gen Mann ersah.
Ich fragt', was dies bedeuten thät?
Er sprach: „Die Universität, 520
Sie kommt und wird Doctores machen.
Den Pomp braucht man zu solchen Sachen."

Alsbald auch schritten sie daher,
Doctores viel, in hoher Ehr',
525 Ich sah herbei die vier Facultäten,
In ihren Kappen und Kleidern treten.
Licenciaten, Magister, zu Zweien,
Nach ihnen Baccalauren, in Reihen,
Studenten viel in einem Ring,
530 Ein jeder schön und würdig ging.
Ihr Disputiren währte lang,
Und stark hinzu die Menge drang.
Mit großen Ehren, solcher Art,
Herr Johann Gösel Doctor ward.
535 Zugleich ward Doctor diesesmal,
Der Frauenkirche Official,
Daß ich auch ihm die Ehre geb'.
Johann Baptista Pacheleb,
Des Königs im römisch-deutschen Staat
540 Kammerprocurator und Rath,
Der Rechten Doctor, war auch da,
Ertheilte die Insignia.
Auch die Regierung, viel' Prälaten,
Die Manche sehr zu Gaste baten,
545 Erschienen hier voll Herrlichkeit.
Es blies der Thürmer das Geleit',
Ich hörte gern, wie schön es schallte.
Und wieder sprach zu mir der Alte:
„Sagt, wie die Hochschul' Euch gefällt?
550 Zunächst Paris gilt sie der Welt.

Sie ward vom sechsten Papst Urban,
Gefirmet und gefangen an.
Und mit Gelahrtheit kann sie lohnen.
Getheilt ist sie in vier Nationen:
In Österreichisch, Bay'risch, 555
Ungarisch und Sächsisch.
D'rum Wien, gar redlich, ohne List,
Für manches Land ein Pfleghof ist.
Als Erstes zählt, zu Gottes Ehr',
Die geistliche und Kirchenlehr', 560
Schulmeister und der Sängerkreis,
Erhalten Bildung gleicherweis'.
Die Kräfte für der Welt Gebrauch,
Hochlöblicher Regierung auch,
Die königlichen Statthalter, 565
Kanzler, Anwält', hohe Verwalter,
Kammerräth' und Bürgermeister,
Richter, Rathsherr'n, Stadtschreiber,
Sowie fast alle Officier',
Gehn aus der hohen Schul' herfür." 570
Ich sprach: „Mein Freund, berichte mir,
Wo solche Schaar doch wohnet hier?"
„Mein lieber Freund," sagt er geschwind,
„Die zwölf gewalt'gen Häuser sind
Gar schön, geräumig aufgeführt, 575
Befreit und hoch privilegirt,
Darinnen wohnen sie und haben Platz.
Das ist fürwahr ein theurer Schatz,

Denn hier, noch erst vor kurzen Jahren,
580 Wohl ein'ge tausend Studenten waren.
Wir haben auch eine Druckerei,
Damit die Hochschul' gefördert sei.
Auch ist ein Münzhaus schön erbaut,
Der König hier die Münzung vertraut,
585 Der Kreuzer, Thaler, Ducaten echt,
Dem Meister Andreas Hartmann mit Recht."
Ich hab' mich dann zur Brandstatt gewandt.[17]
Jed' Hausgeräthe ich da fand,
Um billig Geld ist's feil alltag,
590 Daß man Bedarf wohl decken mag.
Der Heilthumstuhl steht nah dabei,[18]
Darunter hört' ich süß' Geschrei,
Viel' Vögel bot man da zum Kauf,
Und Fässer voll, bis ganz hinauf
595 Mit feisten Kapaunen angefüllt,
Auch viel des Wildprets feil man hielt.
Das Volk spazierte hin und wider,
Eins stieß mich auf, das And're nieder.
Ich ging nun Kirchen auf die Spur,
600 Zu der des obersten Comthur,
Im Deutschen Haus, in dessen Macht[19]
Des Ordens Häuser alle gebracht,
Die in des Königs erblichem Land.
Jetzt hat die Macht in seiner Hand,
605 Der edle Herr Gabriel Kreuzer,
Ballei, des Königs Rath und Diener.

Drauf ging ich Männerklöster an,
Die Prediger, Augustiner voran,
Minoriten, Barfüßer sodann.
Am Hof fand ich die Weißen Brüder, 610
Sucht' heim hernach die Dorotheer,
In deren schönem Klösterlein,
Gebauet innen wie ein Schrein.
Fand da von Niclas Salm das Grab,[20]
Von welchem Du magst sehen ab, 615
Wie viel von tapf'rer Schlachtenthat,
Der edle Graf vollführet hat.
Der Kreuzherr'n Wohnung fand ich dann,
Voll Würdigkeit bei Sanct Johann.
Der Bettelorden sind auch vier. 620
Die Frauenklöster sah ich mir
Beflissen an und fand darob
Sanct Laurenz und St. Jacob,
Hieronymus, Anna, Himmelpforte,[21]
„Zum dritten Orden" auch am Orte. 625
Noch giebt es Kirchen ohne Zahl,
In jedem Haus, in jedem Saal,
Ohn' daß ein pfarrlich Recht sie hätten,
Wie „Unf're Frau" auf der G'stetten,[22]
Gar schön erbaut und wohl geziert, 630
Bei welcher jetzt gehalten wird
Das Consistorium, zur Frist,
Das von dem Bisthum Passau ist.
Im Weitergehn sah ich von fern

Die Aufschrift stehn „Bei unserm Herrn".
Ich trat hinein, wählt' rechten Ort,
Man sang und predigt' Gottes Wort.
Ich dachte, frommer Christensinn,
Hat da geschaffen, zum Gewinn,
Daß eine neue Kirche so schön,
Zunächst dem Rathhaus konnt' ersteh'n,
Daraus ein Fenster innwärts kehrt,
So daß man alles sieht und hört,
Und Eingang in die Stube sind',
Wo all' die Herr'n versammelt sind.
Herr Colman Schön, Unter-Stadtkämmerer,
Ist dieses Gotteshauses Kirchmeister,
Bei Sanct Salvator wird's genannt.[23]
Glaub' nicht, daß noch im ganzen Land
Ein Gotteshaus mit gleichem Nam'.
Darnach ich zu Sanct Michael kam.
Gar große Pfarr' und Schul' dabei,
Die Kirche auf dem Platze frei.
Im Umkreis schreitend ging ich für,
Ein Alter saß vor einer Thür.
Ich sprach: „Sagt mir, wie heißt es da?"
Er antwortete mir: „bei Sanct Clara".
Ist aber seit der Türkenqual
Für arme Leute ein Spital,
O geht hinein und seht die Kranken,
Wir können nicht genügend danken
Der wahrhaft frommen Obrigkeit,

Glaubt mir, daß oftmals in der Zeit
Fünfhundert Menschen finden Speis',
Der treuen Pflege ein Beweis, 665
Der Vorsicht auch vom weisen Rath,
Der da herein verordnet hat
Den ehrsamen Görgen Hauser,
Zum Spittelmeister und Hausvater.
Dem Pfarrhof und der Schul' daneben, 670
Wird Speis' und Unterhalt gegeben.
Das einz'ge Bierhaus ist dahier,
Sonst nirgends darf man schenken Bier.
Auch mag's zu hören sich verlohnen,
Daß hundertundneunzig Personen, 675
Von Schmerz und Siechthum überkommen,
Bei Sanct Marx ins Spittel genommen.
Gelegen außerhalb der Stadt,
Versicht es auch der ehrsame Rath,
Hält ihm so Priester, Arzt, wie Knecht, 680
Man bringt Gesundheit hier zurecht,
So Leib, wie Seele wird geheilt,
Den Armen Kleidung auch ertheilt.
Die Ordnung man in Allem hält,
Ein eig'ner Hausvater ist bestellt, 685
Und als im Amte obenan
Herr Castenhofer Maximilian.
Mit allem Fleiß' er Sorge trägt,
Damit der Arme wohlgepflegt.
Wer muß im Hause gänzlich leben, 690

Dem wird, was er bedarf, gegeben.
Und noch besteht ein alter Brauch,
Daß solche Leute müssen auch,
Bei Pest und großem Sterbefall,
695 Die Gassen rein'gen überall,
Abwaschen, kehren, manchen Tag,
Wie's der Befehl verordnen mag.
Dann wirst in Gassen sehen können,
Wohl ein'ge hundert Feuer brennen,
700 Wachholderholz und Weihrauchduft,
Damit gereinigt sei die Luft.
Viel Aerzte sind bestellt, und trifft
Den Armen böser Krankheit Gift,
So müssen sie ihn wohl beschauen.
705 Damit auch Niemand fasse Grauen
Und werde von ihm infiscirt,
Wird er nach Sanct Johann geführt,
Das vor dem Schottenthor gelegen,
Dort läßt man ihn gar fleißig pflegen.
710 Nicht ist's, wie Mancher schwätzt daher,
Als ob man unbarmherzig wär',
Und ließ' den Armen hier verderben,
Auf off'ner Gasse hilflos sterben.
Wohl kommt des armen Volk's ohn' Zahl,
715 Aus allen Landen überall,
Herzugelaufen jeden Tag,
Daß man nicht ganz zu helfen vermag.
Auch ist erbaut ein neu Spital,

Und wurde ihm ein General,
Diego de Seraua bestellt, 720
Um zu verkünden aller Welt:
Wer für die Noth den Gulden erlegt,
Falls dann sein Handel nichts mehr trägt,
Und Armuth, Krankheit ihn befällt,
Den, hier, man lebenslang erhält. 725
Auch jener Herr erbitten thät,
Durch königliche Majestät,
Daß ihm ein Grund gespendet worden,
Vom Gut des Minoritenorden.
D'rauf baut' er Räume wohlgestalt, 730
Für Arme, die recht krank und alt.
Des milden Königs zart Gemüth,
In Gottesfurcht und edler Güt',
Die sich dem Spittel zugelenkt,
Hat ihm Gut Wolkersdorf geschenkt. 735
Darüber noch herbeigestellt,
Aus Eig'nem eine Summe Geld,
Daß jährlich aus der milden Hand
Sei Armen Hilfe zugewandt.
Als ich Spität' und Kirchen beschaut, 740
Die wohl und auch in Pracht erbaut,
Nahm ich aufs neu' zu messen vor,
Die Stadt, begann beim Stubenthor,
Hab' mich zum Schottenthor gewandt,
Tausendneunhundert Schritt ich fand. 745
Hernach ich wieder quer anfing,

Vom Burgthor durch die Stadt ich ging,
Und zählt' die Schritte sorglich ab,
Bis zu dem rothen Thurm hinab,
750 Tausendfünfhundertfünfzig Schritt.
Auch ist hier löblich Brauch und Sitt',
Daß Jeder, der des Vorrath's hat,
Kann führen Dienstag, Samstag zur Stadt,
Der Bauer jeden Tag im Jahr.
755 Eine Niederlag' mit aller Waar'
Ist hier, d'rum mancher Kaufmann hat
Seine Factoren in dieser Stadt,
So Herbart, Rotn, die Fugger gar,
Im Kölnerhof der Schlucker Schaar.
760 Die Weissen, Schmidtmar, Welserischen,
Die Lötzscher und die Püfflerischen,
Nicht alle ich hier nennen kann.
Ein Theil ist bei Görg Zimmermann.
Auch zweimal ist die Jahrmarktzeit
765 Und jeder Handel ist befreit,
Vier Wochen lang, wie recht ich sag',
Catharina und am Auffahrtstag.
Doch nicht zu kaufen dem gebührt,
Der selbst zu Markt hierher geführt.
770 Die Bürgersleut', so Mann wie Frau,
Sich nähren von dem Weingartbau.
Ein sel'ger Wucher, den Gott gewährt,
Sie nehmen ihn aus seiner Erd'.
Als ich zum Neuenmarkt wollt' gehn,

Sah ich viel Wägen vor mir stehn, 775
Sogar auch ineinander gesteckt,
Weil all der Platz mit nichten fleckt.
Ringsum in Gassen war Gedränge,
Von der Getreidewägen Menge.
Des Mauthners ich mich da besann, 780
Er sagte mir's im voraus an.
Ich ging herum und merkte auf,
Wie viel ein Mut gilt im Verkauf.[24]
Ein Wagen Waiz mit solchem Mut,
Erhielt fünf Pfund Pfennig gut. 785
Dem Maaß kann Jeder wohl vertrauen,
Hermes Schallantzer ließ aufbauen,
Zum Besten der gemeinen Stadt,
Die solch' Begehr bezahlet hat,
Und ihn zum Bürgermeister erlas, 790
Einen Pranger und ein steinern Maaß.
Nach letztem wird Getraid gemessen,
Wollt' Einer sich im Kauf' vergessen,
Ob falsch er wägt, ob Wort nicht hält,
Wird er an jenen Pranger gestellt. 795
Auf jedem Platze müssen sein
Pranger und Stadtmaaß im Verein.
Sodann gelangt' ich auf den Graben,
Wo fleischer ihre Waar' feil haben.
Aus einem Röhrbrunn', der da steht, 800
Ein trefflich Wasser stetig geht.
Was mich besonders Wunder nahm,

Daß Jeder mit anderem Fleische kam,
Von Schafen, Kälbern, Rindern, Schweinen.
Ich bat und frug der Meister einen,
Daß er mich unterrichten thät,
Wie hoch die Zahl der Fleischer steht.
Er sprach: „Wir werden im Verein
Wohl eine Schaar von siebzig sein.
Am Lichtensteg und auf dem Graben,
Zu Ostern, mögen mehr feil haben.
Ich rede bei meiner Treu' und Ehr',
Dreihundert Ochsen, oft noch mehr,
Muß jede Woch' zur Waag' man heben,
Sechshundert Kälber oft daneben.
An tausend Schaf', auch hundert Schwein',
Müssen gewöhnlich vorhanden sein.
Am Freitag bringt man auf den Gries,
Nebst tausend Ochsen noch viel Vieh's."
Ich wandert' sorglos aus und ein,
Kam zu Sanct Peters Friedhof hinein.
Da steht ein altes Tempelhaus,
Ein Baum wächst zu dem Thurm heraus,
Er zwänget zwischen Quadern sich,
Durchdringt die Mauern wunderlich.
Da findet Einer was ihm fehlt,
Dreißig Wagen mit Eiern ich zählt'.
Von Hühnern, alt und junger Brut,
Kapaunen, Gänsen, Enten gut,
Fand ich dahier acht Wägen voll.

Was man zur Nothdurft haben soll,
Von Rüben, Kraut, Krenn, Petersil,
Salat, ist jederzeit da viel.
All Ding geht rasch und gut im Kauf.
Sonach kam ich zum Hof hinauf.
Da steht ein trefflich schöner Bronn,
Das Gold glänzt d'ran, sowie die Sonn',
Mit Kunst ist er aus Quadern erbaut,
Die Wappen bunt, fein ausgehaut,
Dem Platz zum Schmuck und Ruhmesschein,
Denn köstlich Wasser fließt darein.
Einhundert Wagen Holz ich sah,
Gleich viel mit Heu und Stroh allda.
Mit Kohlen zwanzig Wägen voll.[26]
Noch größ'res Wunder sagen ich soll:
Fünfzig Fuder Krebsen zählt' ich hier,
Der Krebsenrichter sprach zu mir:
„Mein Freund, laßt Euch's kein Wunder sein,
Bedenkt, daß kommen sind herein
Einhundert Fuder in einem Tag,
Und alle verkaufet, wie ich sag'.
Glaub' nicht, daß so viel Krebs' man erwischt,
Wenn man zwei and're Lande ausfischt!"
Vom Brote voll war mancher Wagen.
Mit Wahrheit muß ich Eins noch sagen:
Das Fuder Kränz' voll Nägelein
Anlächelt manche Jungfrau fein.
Am Judenplatz kam ich zu Hand,

Zehn Wagen Kastanien ich fand.
Als ich sodann zum Fischmarkt kam,
Mich noch viel stärker Wunder nahm
Der selt'nen Fische große Menge,
Es war von Fischern stark Gedränge.
Von Böhmen, Mähren, Ungarland,
Vierzehn Wagen mit Hausen ich fand.
Hab' nie gesehen solche Sach',
Dionysi Fischer zu mir sprach:
"Mein Freund, glaub't mir, man brachte her,
So fünfthalb hundert ungefähr.
Die frischen Hausen, hier gelegen,
Mochten neunhundert Zentner wägen.
Seitdem als Fischer ich begann,
Bis jetzt, bringt stetig man heran,
Wie ich mit Wahrheit reden mag,
Acht Wagen Scheiden in einem Tag.
Sechs Wagen, wenn recht ich zählen soll,
Mit Bratfisch, Hecht und Karpfen voll.
Seekarpfen, Seepunkel, Garauß,
Zwanzig Wagen, von Böhmen heraus
Mit Karpfen zweiunddreißig Wagen.
Auch find't man hier an Fasttagen
Wachsfisch, Zindel, Scheiden, Mailing,
Barben, Stör, Forellen, Seibling,
Reinanken, Aesche, Brachsen, Elritze,
Schille, Aal, Tück, Schierken, Sprenzling,
Huchen, Aelten, Schiegeln, Barsche,

Rotten, Näsling, Rothäugl, Stretzl,
Neunaugen, Steinbeiß, Kräuterling,
Bißgurre, Baddieren, gut Nerfling,²⁷
Auch findet Einer Weißfisch, Sichling,
Viel Hundshecht, Schnecken und Greßling,
Gefangen aus dem Donaufluß.
Der Fischmarkt jeden Tages muß
Sandel, Koppen, Grundel, Pfrillen,
Auch Karpfen und Hecht' feil haben zu willen.
Wenn Solches nicht Genüge brächte,
Fänd' man zwölf Wagen gesalz'ne Hechte,
Sechs Tonnen mit gesalz'nen Hausen,
Stockfisch, daß Einem könnte grausen.
Lachsforellen, Huchen, Häring,
Theißkarpfen, Plattfisch, Bückling."
Ganz nah' die Fischer Wasser finden
Zur Frischung. Fünf große Linden
Den Fischmarkt zieren, grünen schön,
Manch' faule Mägd' im Schatten stehn,
Von Hitz' und Trägheit wohl erstarkt.
Nachmals kam ich zum Hohenmarkt.
Da ist ein Pranger hoch aufgestellt,
Bei dem so Manchem das Haupt entfällt.
Nicht weit das Narrenkötterlein
Gar wohl verwahrt mit Eisenzäun',
Drin wird Manchem lang die Weile,
Wenn Nachts erwischt er wird in Eile,
Ob er mit Recht in Argwohn fällt,

D'rob wird noch manche Prob' gestellt.
Des Obst's fand ich so vielerlei,
Glaub' wohl, ein Maaß unmöglich sei.
Allseits siehst Du herzu sich's regen,
Mit Aepfeln, Birn', zwölf volle Wägen.
Noch sah ich da ein anderes Bild.
Zwölf Wagen voll mit frischem Wild,
Mit Bären, Hirschen, Hasen, Rehen,
Wildschweine sind dabei zu sehen,
Fasane, Feldhühner, Rohrhennen,
Fürwahr, ich kann nicht Alles nennen.
Einhundert Gäns', und Hühner fünfmal mehr,
Zweitausend Vögel schafft man her,
Auch bringt man hier zu Markt beständig
Wolf, Fuchs, Hund und Katz' lebendig.
Der Wägen Zahl weiß ich mit nichten,
Mit Schmalz und allen Hülsenfrüchten,
Mit Zwetschken, Federn, Flachs und Lein,
Dem Andrang ward's hier allzuklein.
Mit Gurken, Plutzern, Kürbissen schön,
Melonen, Erdäpfeln, viel Wagen stehn.
Nachmals mußt' ich vom Herzen lachen,
Denn viele Würst' und hundert Pachen,
Auch Schinken hielten Bauern feil,
Ich wundert' mich für meinen Theil.
Und wieder kam der Bürgersmann,
Der Alte war's, und sprach mich an:
„Nun, lieber Freund, macht Euch das Freud?

Gewöhnlicher Marktag nur, ist heut'.
Kommt nun, den Bauernmarkt beschaut.
Da findet Ihr Käse, Rüben und Kraut,
Milch und Obers, Rahm und Topfen,
Ferkel, Hühner, dick vom Stopfen,
Tauben und allen Ueberfluß,
Wer's sieht, wie billig, loben muß
Die Stadt, so and're allezeit
Weit überragt mit Schnabelweid'.
So oft der König zieht nach Wien,
Freut sich das Hofgesind dahin.
Stets Fahrgelegenheit man hat
Nach Baden, Krems und Neuenstadt.
Es findet Wägen aller Art,
Wer wünschet eine frohe Fahrt.
Vom Rothenthurm forteilen „Schützen",
Die kann er miethen, täglich nützen,
Die Wägen sind mit Decken verwahrt,
Gen Sonn' und Regen auf der Fahrt."
Ich sprach zu ihm: „Mein lieber Herr,
Verargt mir's nicht, ich bitt' Euch sehr,
Was hält man hier für Polizei?
Sagt mir, wer Eu're Herrschaft sei,
Wer mag so vieles Volk regieren?"
„So kommt mit mir, ich will Euch führen,"
Sprach er zu mir, „und will Euch weisen
Die Herrschaft, die gar hoch zu preisen!
Als obersten Herrn besitzen wir

Herrn Ferdinand, auf Erden hier,
Der hochgewaltig jeder Frist
Erzherzog von Oesterreich ist.
Von Gott verordnet, uns gegeben,
975 Ist Röm'scher König noch daneben.
Zu Böhmen und im Ungarland
Gewalt'ger König; seine Hand
Regiert noch vielerlei Gebiet,
Was man aus seinem Titel sieht.
980 Er lenkt sein Volk in aller Güt',
Ein fromm und königlich Gemüt,
Zur Hilfe er sich Herren bestellt,
Zu Offizieren, wie's ihm gefällt.
Die Hochwürdigen, Hochgelehrten,
985 Wohlgeboren, Gestrengen, Ehrenfesten,
Statthalter, Kanzler, Regenten,
Die Kammerräth' und Andere mehr,
Lenken das Volk nach ihrer Lehr'.
Von g'meiner Stadt könnt Ihr ersehn,
990 Daß eben heut' die Rathswahl geschehn
Durch die Gemeinde dieser Stadt,
Und hier ist ein gefürsteter Rath.
Auch eingesetzt, zum Zeichen, wird
Ein Anwalt, der repräsentirt
995 Des Fürsten von Oesterreichs Person.
Und man beginnt das Wählen schon
Zurecht am Sanct Thomasius Tag,
Wo in der Stadt man finden mag

Hundert Mann, ehrbar, tüchtig,
Fromm und behaust, auch aufrichtig.   1000
Der Weisest' auch den Rang erhält
Und wird zum Bürgermeister bestellt.
Damit er Alles bestens thu',
Erwählet man und gibt ihm zu
Zwölf Bürger, die in Ehren bekannt,   1005
Sie werden „Inn'rer Rath" benannt.
Die doch bei ihrem Handel bleiben,
Besitzend, und kein Handwerk treiben.
Und dieser Rathswahl Confirmirung
Geschieht durch hochlöbliche Regierung,   1010
Im Namen königlicher Majestät,
Durch die Anwalt und Richter ersteht.
Sodann erwählet man, nach Brauch,
Dem Richter zwölf Beisitzer auch,
Die bei Gericht zur Hilf' er hat,   1015
Die Andern sind der „Aeußere Rath".
Hier kommen wir zur Burg sogleich,
Dies ist das Haus von Oesterreich,
In welchem Königlicher Majestät
Und der Gemahlin Wohnung steht.   1020
Darin viel königliche Zimmer,
Thurmfest erbauet und voll Schimmer.
Ins Nest ein Adler ist geflogen,
Noch schöner und jünger ausgezogen.
Einem Garten gleich, zur Lust geziert,   1025
Quellwasser drein geleitet wird,

All' Ding erbaut zu Freud' und Heil,
Kein' festere Burg auf weite Meil',
Mit Thürmen, Gräben für die Wehr'!
O seht, dort kommen eben her
Die Gestrengen, Edlen, Ehrenfesten,
Hochgelehrten, Hochweisen,
Die Ehrsamen nähern sich von fern,
Meine gnädigen, gebietende Herr'n.
Zuerst Herr Doctor Wolfgang Laz,[28]
Der hohen Schul' ein theurer Schatz,
Derzeit Rector, Prozeß er begann,
Der Edle, Feste, schloß sich ihm an,
Andree Lindauer, dieser Stadt
Anwalt und königlicher Rath,
Auch derzeit oberster Salzamtmann.
Zur Rechten seht, ihm nebenan,
Herrn Bürgermeister Sebastian Schrantz[29]
Ohne Falsch und aufrichtig ganz.
Jung und bered't, als sanft bewährt,
Von altem Geschlecht und hochgelehrt,
Der sich der Musik auch geweiht.
Dem Anwalt an der linken Seit'
Geht Herr Sebastian Hutstocker jetzt,[30]
Erwählt und zum Stadtrichter gesetzt.
Nach ihnen der Edle, Feste naht,
Herr Leopold Ofner sammt dem Rath.[31]
Und neben ihm, wie Ihr wohl seht,
Der edle Franz Igelshofer geht. .

Dionyſi Reck folgt gleich dabei, 1055
Und nach ſich reihen, Zwei und Zwei,
Franz Glocksperger, Wolfgang Tobler.
Hierauf ſodann Herr Stefan Scheer,
Kommt mit dem Herrn Hans Prock daher,[32]
Dann Wolfgang Mangolt, Chriſtian Reitler, 1060
Hans Fochter, Chriſtof Pitſchelin,
Herr Chriſtof Hayden tritt dahin,[33]
Er geht ſammt Chriſtof Enßianer,
Jetzt oberſter Stadtkämmerer.
Die nach nun folgen, dieſe Mannen, 1065
Heißt man Beiſitzer auf der Schrannen:
Herr Doctor Jacob Hymelreich,
Wenzel Oeſterreicher auch ſogleich,
Paul Oſtermayr, Stefan Purgſtaller,
Mathes Mayr und Wolfgang Aigner. 1070
Lorenz Hüttendorfer allgemach
Mit Hans Knoll, die treten nach,
Philip Spitzweck, Thomas Siebenbürger,[34]
Mathes Prunnhofer, Oswald Kienberger,[35]
Hans Obermann, der Steuerverwalter, 1075
Gemeiner Stadt zugleich Buchhalter.
Noch Zweie ſind ihm zugegeben,
Görg Hauſer, Leopold Hüttendorfer eben,[36]
Caſpar Wiſinger iſt zugleich
Wie Leopold Ochſel, Görg Freudenreich, 1080
Und Chriſtiernus Canſtetter im Amt,
Sind Rechnungsführer alleſammt.

Wolfgang Magerl, Philipp Mayer jetzt,
Als Mauthverwalter eingesetzt.
O seht, ist's nicht voll Ehrbarkeit,
Gott geb', es währe lange Zeit!
Die Herren, wie ich's loben möcht',
Sind wahrhaft, tugendsam, gerecht,
Doctores, manch' Einer Adelsmann,
Die nicht genug man preisen kann.
Sie bieten allen Lastern Trutz,
Und fördern, was uns Allen nutz.
Ihr Thun, ihr Denken dahin geht,
Daß jede Freiheit fortbesteht,
Wie man die Wohlfahrt aufrecht hält
Und lebt in Frieden mit der Welt.
Eh' Wien den Türken wollt' sich geben,
Eh' ließ ein Jeder Leib und Leben.
Ob Einer die Befehl' nicht wüßt'
Des Ritters, der so edel ist,
Herr Max Beck von Leopoldsdorf genannt,
Als beider Rechte Doctor bekannt,
Auch oberster Kanzler allzugleich
Dieses Erzherzogthums Oesterreich,
Und Rath der königlichen Majestät,
Der an Spitze der Regierung steht
Anstatt des wohlgebor'nen Herrn,
Herrn Christoph zu Eytzing, Freiherrn,
Jetzt königlicher Statthalter, der
In die Hauptstadt ist gesetzt hieher.

Sie unterweisen, zeigen an,
Was Ungebühr, was wohlgethan,
Den Eid sie halten Jedem für,
Daß er auch handle nach Gebühr.
O Freund, wie eine selige Gab', 1115
Die uns vom Himmel kommt herab,
Ist eine solche Obrigkeit,
So weise und voll Tapferkeit!
Ich glaub', daß Gott durch diese Gab',
Bisher die Stadt erhalten hab'. 1120
Was übel thät dem edlen Haus,
Wird abgelehnt, sie schlagen's aus.
Wie Ihr sie seht, zu Zwei'n und Zwei'n,
Wollen sie dem Gebet' sich weih'n,
Im Tempel bitten den heil'gen Geist, 1125
Daß seine Gnad' sie unterweist,
Zu richten den Armen, wie den Reichen,
Bei Streiten zu versöhnen, vergleichen.
Die ehrsame Gemeinde mag
Auch guten Willen legen zu Tag. 1130
Dem Handwerk ist geboten sehr,
Solch Thun, daß Niemand sich beschwer',
Den Bäckern bleibet auferlegt,
Daß jede Woch' ihr Brot man wägt,
Auf Müller hat man gleichfalls acht, 1135
Nimmt Noth und Armuth in Betracht,
Fürsorgt für Brot und Fleisch und Wein.
Ich hörte, es habe die Gemein'

Zugehörige, fünfzigtausend
1140 Aus allen Landen, hier hausend.
Sei Feindes- oder Feuersnoth,
Muß Jeder folgen dem Gebot.
In Viertel ist die Stadt getheilt,
Die Bürgerschaft zur Abwehr eilt,
1145 Sobald der Glocke Schlag erklingt,
Zu den vier Plätzen hin sie bringt.
Das Widmer Viertel kommt zum Graben,
Die Stubmer Platz am Lugeck haben.[37]
Am Hof das Viertel ist der Schotten,
1150 Das Kärntner Viertel läßt sich nicht spotten,
Fein und bewehrt, ansehnlich erstarkt,
Das sammelt sich am Neuenmarkt,
Um seinen Hauptmann und Fähnrich geschwind,
Gar stark, geschickt, beherzt sie sind.
1155 Nach welchem Thurm zu laufen ist,
Sagt Jedem ein Befehl zur Frist,
So auch zu Häusern, wo die Wehr,
Mit Handgeschütz und Steinen schwer.
Dort, wo der Feind herbei sich zieht,
1160 Ein weißes Tuch man flattern sieht,
Und auf dem Thurm, bei Feuersnoth,
Da ist des Tuches Farbe roth.
Wie viel und wo sich Feuer erheben,
Dafür die Wächter Zeichen geben.
1165 Die von dem Thurme sehen zur Ferne,
Ausstecken Tuch oder rothe Laterne.

Die Zahl derselben zeiget an,
Wie viel der Feuer auf dem Plan.
Denn Feuer fürchtet ein gebranntes Kind,
Und hier sechshundert Häuser sind 1170
Verbrannt in einer Nacht, fürwahr,
Geschah, im fünfundzwanz'ger Jahr.
Seither war Wien gar wohl bedacht,
Hat solche Feuerordnung gemacht,
Daß jeder Wirth in seinem Haus, 1175
Muß oft den Rauchfang kehren aus,
Backofen, jede Feuerstatt,
Rein halten, wo er derlei hat.
Dazu ein jeder Wirth auch soll
Haben Fässer und Bottiche voll 1180
Mit Wasser oben in dem Haus,
Und käme plötzlich Feuer aus,
Daß rasch er's lösch, kann unterdrücken,
Muß er auch Leiter haben und Krücken
Zum Abstoßen. Denn eh' ein Feuer loht 1185
Zur Höh' und weit zu greifen droht,
Das später man nur schwer bekämpft,
Wird's oft durch weniges gedämpft.
Sobald der Glockenstreich geschehn,
Der Wächter hat das Feuer ersehn, 1190
So laufen jene Handwerker zu,
Die Hilfe bringen können im Nu,
Die Zimmerleut', der Maurer Kraft,
Schlosser, Schmied und Ziegeldeckerschaft,

1195 Mit Hacken, Hämmern, Krampen, Hauen.
Von Fremden, weder Mann, noch Frauen,
Darf kommen, sie sei'n denn wohlbekannt
Und tragen Wassergefäß' in der Hand.
Auch sind hier Bader, eilf an Zahl,
1200 Die haben Leder-Eimer zumal,
Die müssen sie bringen, emsig sprißen,
Und so dem Allgemeinen nüßen.
Ein jeder dieser Bader soll
Die Wasserbecken halten voll,
1205 Daß Rettung mache rasch Gebrauch.
Jed' Haus hat einen Brunnen auch,
Mit Ketten und Seilen wohl versehen.
Wer einen Frevler kann erspähen,
Der Feuer legt, und macht ihn kund,
1210 Dem gibt die Herrschaft hundert Pfund.
Und hätt' er was mit ihm gemein,
Man zieht ihn nicht gefänglich ein
Wenn Jemand einen Dieb erwischt,
Der diebisch bei dem Feuer fischt,
1215 Und zeigt ihn dem Gerichte an,
Zehn Pfund Pfennig er gewann.
Auch vorgesehn ist alle Zeit
Für Wasserführer und Fuhrleut'
Bei Bisthum, Klöstern, Spittelmeister,
1220 Beim Bruckmeister, Stadtkämmerer,
Daß sie mit Roß und Wagen halten
Zum Wasserlauf aus Röhrenkasten,

Auch Feuerhaken, Leitern bringen,
Erstaunlich durch das Volk sie bringen.
Dem Ersten mag ein Pfund gefallen, 1225
Dem Zweiten ein halb's, den andern Allen,
So oft sie Wasser bringen zur Thür,
Wird Lohn zwei Schilling dafür.
Greift dann das Feuer weiter aus
Und überfliegt des Nachbarn Haus, 1230
So reißt man ab, wirft vorwärts nieder,
Und Niemand darf sprechen was dawider.
Die Ordnung ist der Weisheit voll,
Solch' Obrigkeit man loben soll.
Ja, glaubt mir wahrlich, wenn ich sag', 1235
Daß Mancher führt unbill'ge Klag'
Und Gegner ist der Obrigkeit,
Die sorget eifrig alle Zeit
Und denket väterlich daran,
Wie man vertreibet den Tyrann. 1240
Auch was betrifft das Steuermaaß,
So gibt ein Jeder doch nur das,
Was er vermag, und bringt es dar
Für Bauten, so die große Schaar
Der Löhner schafft in Gräben und Bastei. 1245
Ein Bollwerk nächst der Burg herbei
Ist weit und mächtig aufgebaut." —
Als ich verwundert hingeschaut,
Der Bürger sprach: „Es gibt noch mehr,
Viel höher, mächt'ger, auch zur Wehr, 1250

So zwischen der Burg und Schottenbastei,
Glaubt mir, daß nichts darüber sei
Schier in der ganzen Christenheit,
Was unser König in kurzer Zeit
1255 Zur Rettung dieser edlen Stadt
Mit großen Kosten erbauet hat.
Die Bastei zunächst dem Schottenthor
Ist nun viel stärker als zuvor.
Trotzt bald in neuer Form dem Sturm.
1260 Dann weiter drunt', beim Judenthurm,
Der Graben ist weit ausgeräumt
Und hochauf sich ein Vorsprung bäumt.
Das wird ein gar gewalt'ger Bau,
Wovon man schießen kann zur Au.
1265 Der Biberthurm, der steht nun fest,
Und wehrt sich aller fremden Gäst',
Die auf der Donau aufwärts fahren,
Wird ihnen sein Geschoß nicht sparen
Von seiner Hochschanz wie Bastei.
1270 Dem Stubenthore nahebei
Ist von den Wienern auferbaut
Ein Stück, fürwahr, wer dies beschaut,
Der spricht: „Das muß von Nutzen sein."
Errichtet ist's aus Quaderstein.
1275 Es hat ein königlich Gemüth,
Aus echter, väterlicher Güt',
All' das, was bei dem hohen Chor
Der Prediger lange stand zuvor,

Der Bastion nunmehr vergönnt.
Nachher ersah ich, wie da rennt 1280
Gar viel Gesind' beim Kärntnerthor.
Vom Graben auf, da wuchs empor
Ein neuer Bau, sie stellten frei
Auf festem Untergrund die Bastei,
Die, größer als die ander'n all', 1285
Erwirk' des Feindes sichern Fall.
Sie mengten guten Kalk mit Sand,
Was Mauerwerk gar wohl verband,
Sie machen Ziegel in dem Graben,
Dazu die Oefen sie dort haben. 1290
Bei allen Basteien steh'n „Katzen",[39]
Die mögen gerne weitum kratzen.
Vom andern Bollwerk nichts ich meld',
Doch kann man rings beschießen das Feld.
Vom König ward's zur Rettung erbaut, 1295
Der väterlich fürsorgt und erschaut,
Dem Wien mag Alles gerne geben,
Daß seine Gnad' es soll erheben.
Der edle Hermes Schallautzer ist [39]
Oberster Baumeister zur Frist. 1300
Nun kommt, besehet Graben und Wall,
Die Mauern beschüttet überall,
Dadurch der Graben ward so weit.
Einbüßte Haus und Hof zur Zeit
So mancher Mann, litt große Noth, 1305
So lang der Türk die Stadt bedroht!

Ich sag' es Euch auf Eid und Ehr',
Es hatte die Vorstadt Häuser mehr,
Als selbst die Stadt, gemauert zumal,
1310 Hundertzweiunddreißig an Zahl,
Ohne Spitäler, Klöster und Pfarren."
Ich starrte drein gleich einem Narren,
Da ist, wie wir's von Troja lesen,
Nun Gras, wo Häuser eh' gewesen.
1315 O Wien! Deinem Fittig ward entzogen
Gefieder, bist halb zum Himmel geflogen!
Als ich's besah, noch immer ich fand,
Dies Wien erstreckt sich, wie ein Land.
Vom Görgenthurm bis Sanct Niklas dar,
1320 Wo vor der Zeit ein Kloster war,
Zählt alles noch zum Burgfried mit,
Sind viertausendfünfhundert Schritt.
O Gott, erhalt' die Stadt in Gnade,
Ach Vater im Himmel, wie wär' es schade,
1325 Wenn sie erliegen sollt' dem Tyrannen!
Ihr Bürger und ehrbare Mannen,
Ich bitt' durch Christum, höret mich.
O Wien, bekehr' und beßere Dich,
Sonst wird Dein Unglück nur gemehrt.
1330 Dein Name Wien in wein' verkehrt.
Vorerst laß ab von bösem Leben,
Erkenne Gott, er wird vergeben.
Dem Nächsten nur geschehen sollt',
Was gerne man von ihm auch wollt'.

Und tritt die Noth dann Alle an,
Dringet der Feind zum Kampf heran,
Seid mannhaft, schießt, steht auf der Lauer,
Im Tod bleibt beständig, wie eine Mauer!
Wir lebten lang in guten Tagen,
Den Sack wollt ob der Rüben wagen.
Wer Frühstück konnt' in Wien sich nehmen,
Soll sich zur Mahlzeit auch bequemen.
O liebe Christen, thut das Beste.
Wenn wir getrieben aus dem Neste
Und sollten den Fruchtkasten verlieren,
Wie würde ohne Sonn' uns frieren!
In Frieden wär' nicht Mann noch Weib,
Verloren wär' so Seel wie Leib.
Drum helft, weil noch zu helfen ist,
Ein Jeder halt' sich wie ein Christ.
Rhodos laßt Euch Exempel sein,
Als dies der Türk wollt' nehmen ein,
Und lag davor mit großer Gewalt.
Da bessert' sich weder Jung noch Alt,
In stolzer Hoffahrt Muthwill' sie trieben,
Bei ihrem alten Brauch sie blieben,
Und ohne Hilf' und „überall nix",
Aushungert' man sie, gleichwie die Füchs.
Doch als das Volk ein Bettelorden,
Da waren die Bürger reich geworden.
Nun hätte Mancher viel gegeben,
Vermöcht' er nur in Fried' zu leben,

So wie zur Zeit, als er noch arm.
Der Türk als Sieger bracht' ihm Harm.
Vorrath und Geld genug ist vorhanden,
Auch Volk und Geschütz in deutschen Landen,
Wir haben fromme Obrigkeit,
Die auch benützet ihre Zeit,
Viel hunderttausend Gulden hat
Alljährlich verbaut in diese Stadt,
Daß edel Wien befestigt sei,
Das Volk der steten Sorgen frei.
O, freu' Dich Wien, und glaube mir,
Die Bollwerk', so erwachsen Dir,
Will's Gott, sie werden helfen dann,
Kommet der Türk mit Bosheit an.
Türk, wenn du suchst, wirst finden Bescheid,
Deutschland muß dir werden ein Leid.
Den Gott im Himmel wollen wir loben,
Der schwarze Adler schwebt noch oben
Und schwingt sich auf, je länger, je mehr,
Wird dich heimsuchen mit großem Heer.
Weil Gott so wunderbarlich ist,
Das Römische Reich in kurzer Frist
Durch Kaiser, König, Brüder mild,
Mit kleinem Häuflein hat gestillt,
Dazu die Böhmen mit ihrer Macht,
Bezwungen und zu Gehorsam gebracht,
Gibt Gott doch augenscheinlich kund,
Daß er die Macht beschützt allstund.

So auch ins Herz die Hoffnung nehmt,
Der Christen Feind wird doch bezähmt.
O, welch' ein Frohlocken, welche Freud'
War hier durch eine lange Zeit,
Als erst die Botschaft ward vernommen, 1395
Der sieghafte König wolle kommen.
Wie schmückte sich die Bürgerschaft.
Die Kaufleut' voller Macht und Kraft,
Wol ein'ge Tausend, ist nicht erlogen,
Dem König weit entgegen zogen, 1400
In ihrer Rüstung wohlgestalt'.
Vom Herzen freut' sich Jung und Alt,
Aus jedem Thurm, der Fenstern Kluft,
Schoß man den Donner in die Luft,
Es lief und drängte Weib wie Mann 1405
Zu sehn den frommen König an.
Der König, einem Vater gleich,
Sein Volk besah gar liebereich.
Und alles Volk gehorcht zur Frist,
Weil bestens vorgesorgt nun ist. 1410
Das Landvolk hält sich wohl zusammen,
Nicht flieht es mehr zu Berg, in Klammen,
Ihm wird in Wien ein guter Schutz.
Hier innen wird dir bieten Trutz,
So Volk wie Gut wirst nimmer ergreifen, 1415
Und kommst du, Türk, wir wollen dir pfeifen.
Die Christen hast nicht alle gefressen
Und Gott wird unser nicht vergessen!

Der Sieg, den du bisher erjagt,
1420 Daß du nach Willkür uns geplagt,
Kommt nicht von deiner eig'nen Kraft,
Gott hat's verhängt und so geschafft,
Weil seinem Zorn wir Ursach' gaben
Und sündenvoll gelebet haben.
1425 Was gottlob zum Theile nimmt ein End',
Das Volk wird fromm und sich erkennt.
D'rum mein Verlaß auf Gott ist eben,
Dem Türken wird sein Lohn gegeben.
Ja, wär' die Stadt zuvor so fest
1430 Gewesen und hätten alle Gäst'
Gehabt beim Mitthun ihre Hand,
Es stünd' wohl besser noch im Land.
Die Thore nimmt man sehr in Acht,
Behält im Aug' sie Tag wie Nacht.
1435 Die Wächterschaar auf solchen Posten
Mag Jahrs fünftausend Gulden kosten.
So in, wie außerhalb der Stadt,
Und Tag wie Nachts man Wächter hat,
Umgeh'n die Stadt so hin wie her,
1440 Ihr Hauptmann ist Hans Piesch nunmehr.
Sie lassen zur Stadt auch Niemand ein,
Er sagt denn, wer sein Wirth mag sein,
Nachweist, woher er nahm den Lauf.
Sie schreiben den Namen sorglich auf.
1445 So wird des Nachts wie Tags verkehrt,
Wie ich von Bürgern hab' gehört:

Genau geschrieben und gefragt!
Ich gab Bescheid, hab' Alles gesagt
Und ging mit einem frohen Sinn
Zur Freiung und den Schotten hin. 1450
Die Freiung ist des Klosters Recht,
Mit Schranken, d'rin so Herr wie Knecht
In guter Sicherheit ein Tag und Jahr,
Um Schulden oder Todtschlag gar. —
Als Einen mit Schlüsseln ich ersah, 1455
Frug ich: „Steht Ihr in Diensten da,
Sagt mir, ich will's Euch danken fein,
Was mag das für ein Kloster sein?"
Er sprach: „Im Gott'shaus, hier zu sehn,
Bin Meßner, soll't mich wohl verstehn. 1460
Sanct Leopold hat dies Klosterstift,
Das alle andern übertrifft,
Mit seiner Stattlichkeit und Zier,
Erbaut, auf einst'gen Zellen dahier.
Aus Quadersteinen ist es worden, 1465
Und dient dem Benedictiner-Orden.
Abt Wolfgang, mein gnädiger Herr zur Frist,
Vom edlen Geschlecht der Traunsteiner ist,
Verordneter der Landschaft er war
Die Zeit hindurch schon ein'ge Jahr'. 1470
Für Hauswirthschaft und gut Regiment
Sind noch eilf Brüder im Convent,
Verständig, geleert, sie lesen gern
Zu Ehren Gottes, unseres Herrn,

1475 Auch gehen ein'ge Brüder hinaus
Die Pfarr' verseh'n, verwalten für's Haus.
Noch hält er eine Schul' desgleichen
Und läßt den Unterhalt ihr reichen.
Auch sechzehn arme Jüngling' und Knaben,
1480 Zum Studium hie Freipläß' haben
Erhalten jede Mahlzeit Wein.
Ein jeder muß eben fleißig sein,
Zu Nachts repetiren, früh aufstehn.
Man läßt da Keinen müssig gehn.
1485 Er kann sich hier so reich belehren,
Als hätt' er eig'nes Geld zum Zehren.
Für's Orgelspiel ein Organist
Zu jedem Fest bestellet ist.
Ein fein Organ ist da zu sehn,
1490 Mit allem Stimmwerk stark und schön.
Zum Garten kommt, und folgt mir nur,
Im Thurme seht Ihr eine Uhr,
Die lange geht, verläßlich bleibt
Und kraftvoll sieben Zeiger treibt.
1495 Ich blieb an seiner Seit' sodann,
Der Garten ward mir aufgethan.
Die Gänge standen voll mit Wein,
Das nenn' ich einen Garten fein!
Als ich nun Alles wohl besah,
1500 Wies er auch einen Stumpf mir da
Und sprach: „Auf diesem Maulbeerbaum,
Hatten acht Tisch' genügend Raum,

Man mußte, nebst dreihundert Bäumen,
Der Türken wegen, fort ihn räumen,
Er ward zerstückt und abgehackt, 1505
Noch eh' der Türk sich fortgepackt."
Der Meßner nun Geleit' mir gab
In einen schönen Keller hinab,
Hat vierzig Absäß' minder einen,
Gelegt aus schönen Marmorsteinen. 1510
Ein mächt'ger Bau und tief die Gruft,
Das Wasser frisch, gesund die Luft
Und mächtig große Fässer mit Wein,
„Ei," dachte ich, „da wär' gut sein,
Hätt' ich die Wahl im ganzen Land!" 1515
Verblieb, nahm an den Schulmeisterstand.
Das Glück wies sich so günstig mir,
Daß ich gar Bürger ward dahier.
Der Herren Gunst, ein ehrsamer Rath,
Mir ein'ge Weingärten gegeben hat, 1520
Sie helfen mir in allen Dingen,
Dafür muß ich bei Sanct Salvator singen.
So hab' ich gut Beginnen gehabt.
Wolfgang, mein gnädiger Herr und Abt,
Des ehrwürd'gen Convents Gesammt, 1525
Weil ich so lang erfüllt mein Amt,
Hab' treu gedient, bin stetig blieben,
Hat prächt'ge Gebühr mir zugeschrieben.
Der Schmälßl die beste Schmalzgrub' fand,
Ich lob' den Ort für jeglich Land. 1530

Hier gibt's viel Sänger und Saitenspiel,
Geselligkeit und Freuden viel,
Mehr Musiker und Instrument'
Besitzt die Welt an keinem End'.
Und Jedermann mehr, als mir gebührt,
Mir Achtung zeigt, mich wohl tractirt.
O Gott! ich kann Dir nimmermehr
Genug d'rum sagen Lob und Ehr',
Daß ich darf sein für Lebenszeit
Bei dieser Stadt und Obrigkeit,
Bei welcher Du auf Deinem Thron
Bist angebetet, voll Religion,
Sammt Christo und dem heil'gen Geist,
Die man bekennt, hoch lobt und preist.
Auf Dich gestellt ist alles hie,
O Gott! d'rum lasse Mahomet nie
Hier Raum zum Vorwärtsdringen,
Uns Christen aus der Stadt zu bringen.
O Gott! Du Vater in Ewigkeit!
Der Du gewaltig allezeit,
Der Heerscharen Herr, und voller Güte,
Nicht richte, barmherzig uns hüte.
O Gott! ich bitt', gedenk' daran,
Wie Du Verheißung uns gethan,
Ein Volk, das lebt, wie Du gelehrt,
Die betenden Herzen zu Dir kehrt,
Willst Du in Gnaden auch erfassen,
Zu ihm Dich kehren, es nicht verlassen.

Mein Herr, mein Gott, Du steh' uns bei,
Daß stets Dein Nam' erhoben sei, 1560
Nicht uns bloß drängt der Feind zur Zeit,
Er will die ganze Christenheit,
Die Dir und Deinem Sohn' ergeben,
Austilgen, bringen um das Leben.
Vernichte ihn mit Deiner Macht, 1565
Daß seiner nimmer sei gedacht!
O Herr, mein Gott, o gib Gewähr,
Durch Jesum Christum bitt' ich sehr,
Der für uns litt und ist gestorben,
Der sühnend uns die Gnad' erworben, 1570
Sieh' unsere Sünde nimmer an,
Wie wir gelebt, gen Dich gethan,
Durch's Fleisch verführet allezeit,
Ertheil' uns doch Barmherzigkeit,
Denn Du bist langmüthig und gerecht, 1575
Wir aber, wie ein vergeff'ner Knecht.
Gedenk', wie Du dem Abraham gethan,
Versprochen, wenn nur zehen Mann,
Statt fünfzig, in dem Sodom zu finden,
Die fromm und gerecht, nicht voll der Sünden, 1580
Dann wolltest Du ihnen doch vergeben,
Und Böse mit Frommen lassen leben.
O Gott, laff' uns die Gnad' erfließen,
Der Frommen wegen, sie genießen,
Sieh' an die kleinen Kindelein, 1585
Getauft und in Unschuld Deine Gemein',

Chrifto dem Herrn doch einverleibt. —
Er tödtet, die er nicht als Vieh wegtreibt!
Erhalte Wien, in Deiner Hut,
1590 Daß nicht der Türke fchuldlof' Blut
Vergieß' und fpotte unferer Noth,
Und fpreche: „Wo ift Euer Gott?"
O Herr, in Deinem höchften Saal,
Komm' doch, erfreu' uns auch einmal!
1595 Den Feind der Chriftenheit vertreib',
Daß Deutfchland auch in Frieden bleib',
Es wird fich freuen Jung wie Alt,
Dich preifen, Gott, gar mannigfalt.
Auch Herr, bitt' ich, den Willen Dein,
1600 Laß' Wien mir meinen Friedhof fein![10]
Daß fo gefcheh' und werde wahr,
Wünfcht Wolfgang Schmältzl zum neuen Jahr!

AMEN.

Anmerkungen.

Die Wappen auf dem Titelbilde sind das österreichische und das alte Stadtwappen, verziert vom Buchdrucker Hans Syngriener.

[1] Zeile 49: Bis vor einiger Zeit war Safran ein viel häufiger und fast in jedem Hause angewendetes Gewürz; doch dem nunmehr geringeren Bedarfe in der Welt gilt der „niederösterreichische" noch immer als der vorzüglichste.

[2] Zeile 66: Mit der Plätte zu fahren, war bis in die Zeit der Dampfschiffe üblich, dies war ein billiges und dürftiges Fahrzeug abwärts, ungeschützt gegen das Wetter. Schmeltzl sagt: „auf der Schaitten", das wird wohl die Schüte, Schuite, das Flachboot sein, in unserem Volksmunde „die Plätte" oder „die Plätten" geheißen.

[3] Zeile 69: Wahrscheinlich kam das Flachboot schlecht zum Landen und wurde durch Hindernisse getaucht. Korneuburg ist noch heute ein stark besuchter Donau-Landungsplatz in der nahen Umgebung Wiens.

[4] Zeile 81: Aehnliche hölzerne Brücken bestanden über das große und kleinere Gerinne der Donau bis zur Umlegung derselben in das eine große Strombett und zur Vollendung der Reichsbrücke 1870.

⁵ Zeile 99: Im Original steht „Tauber". Das Wort bestärkt auch die Zweifel über die zutreffende Benennung, die in Geltung ist, als Tabor, was slavisch Hügel, auch Befestigungsaufwurf bedeutet, und wohl nicht sogleich im Hussitenkriege von deutscher Bevölkerung angenommen sein konnte, daher wohl eine deutsche Grundlage dem Worte zufällig immer mehr entfremdet wurde.

⁶ Zeile 124: Mit Türken sind hier edle orientalische, wohl auch arabische Pferde gemeint, und Genetten bedeuten das ältere deutsche Wort Zelter — heute gilt Genette im Englischen, wie französischen, zweifelhaft und kann auch für Klepper angewendet werden, was an diesem Platze jedoch keinesfalls zuträfe.

⁷ Zeile 185: Schlagbrücke, Schlachtbrücke, die heutige Ferdinandsbrücke, mit ersterem Worte noch zeither im Volksmunde benannt.

⁸ Zeile 270: a) Schmeltzl sagt, Ein Aichtring, und das Wort kommt von aichen, messen. Der Aichtring glich einer alten sogenannten „Maaß", war der vierzigste Theil eines Eimers und nach heutigen Litern fast 1½. Der Pfennig war beiläufig 1½ Kreuzer.

b) Die Zeilenzahl steht hier doppelt, weil die Reihe der Dinge nicht in eine Zeile gebracht werden konnte, doch da dieselben sich leicht zum Reime fügen, so sollen sie sämmtlich aufgezählt sein.

⁹ Zeile 278: Im Originale lautet die historische Stelle:
Fing an zu reden und zu lachen,
Sprach: hie oben seht jr ein pachen.

Ein Pachen ist in unserer Sprache nur mit dem Worte Speckseite zu übersetzen. Eine Pache ist auch eine Wildsau und die war es keinesfalls, nach den Ueberlieferungen. Auch kein Schinken war es, wie Manche schreiben mögen, denn Schmeltzl nennt ausdrücklich einmal „Schinken". Hans Sachs schrieb auch ein Fastnachtsspiel „Der gestohlene Pachen". Und da der Reim „lachen und pachen" noch einmal vorkommt, Zeile 936 bis 937, mag er nachher stehen bleiben.

¹⁰ Zeile 325: Für den Nichtwiener bleibt aufzuklären, daß dieser hier scheinbare Scherzname, der von dem Worte auslugen, ausgucken herkommt, ein noch heute bestehender Straßenname ist.

¹¹ Zeile 341: Nunmehr Stephansplatz. Der Friedhof um den Dom wurde 1783 gänzlich aufgelassen. Die letzten zu Kirchendienst und Friedhof gehörigen Häuschen vorne, der Kärntnerstraße zu, fielen 1792.

¹² Zeile 356: Diese Zeichen, welche aus der Zeit der ersten „Türkenbelagerung" 1529 herrührten und die Mohammedaner von dem Schießen nach dem Thurm abhalten sollten, wurden erst drei Jahre nach dem Siege über die Türken 1683, und zwar 15. Juli 1686, durch das Kreuz feierlich ersetzt.

¹³ Zeile 401: Die Uhr war auf der Höhe und meilenweit ins Land als ein gern gesehener Anzeiger der Zeit gesehen, bis sie der letzte Erneuerer des Stephansthurmes, Dombaumeister Schmidt (ernannt 1862, gest. 1891) beseitigen ließ — aus Rücksicht auf die Gothik (?), unterstützt durch die Thatsache, daß der Wind auf solcher Höhe die Zeiger oft störte. Die Neuzeit könnte wohl Mittel finden zur Wiederaufrichtung des Wahrzeichens des Stundenganges sowohl für die Nacht, wie für den Tag und gegen die Störungen.

¹⁴ Zeile 406: Ein Strich der Ziffern. Und das Maaß ist wohl der alten Elle zugehörig.

¹⁵ Zeile 429: Des Neidhart von Reuenthal, später Neidhart Fuchs der Bauernfeind genannt (siehe meine gleichnamige Studie in meinem Buche „Denksäulen") des heiteren Minnesängers Grabmal ist es nicht, wie nachgewiesen ward. Es ist noch immer, sogar wiederhergestellt, an der gleichen Stelle zu sehen. Wahrscheinlich legte man ihm bereits zu jenen Zeiten irrthümlich den Inhalt bei, und Schmeltzl betont allerdings nur den Neid in Neidhart, aber gerade dieser im Gegensatze zu der Wohlhabenheit der Bauern seiner Zeit, hat zur Ausgestaltung des mit Fabeln bereicherten edlen Minnesängers geführt.

[16] Zeile 511: Der Taufstein ist heute in einer Capelle, die eben dadurch den Namen „Taufcapelle" erhalten.

[17] Zeile 587: Brandstatt, früher der Name eines als Markt und zu Tournieren benutzten Platzes, jetzt nur einer Straße.

[18] Zeile 591: Der Heilthumstuhl zog sich quer über den unteren Theil des heutigen Stefansplatzes, von der Brandstatt zum einstigen Meßnerhäuschen am Stefansfreithof hinüber. Er bildete eine Art Thor mit einem großen Durchlaßbogen, war aus Steinen erbaut und hatte oben unter dem Dache zwölf gothische Spitzbogenfenster, aus denen öfters und besonders in der Octave nach Ostern eine große Anzahl der Reliquien, also Heilthümer, gezeigt wurde. Er wurde 1700 als störend abgerissen.

[19] Zeile 601: Das „Deutsche Haus" in der Singerstraße ist noch heute des „Deutschen Ritterordens", und die Capelle, in welcher vom Hoch- und Deutschmeister während eines feierlichen Gottesdienstes Adelige zu Rittern des weltlichen Ordens geschlagen werden, daselbst.

[20] Zeile 614: Das Grabmal des Grafen Nicolaus Salm, des Vertheidigers Wiens bei der ersten Türkenbelagerung 1529, der 1530 starb, wurde nach Aufhebung des Klosters, das zu denen durch Kaiser Josef II. Decret am 20. December 1781 getroffenen gehörte, von des Grafen Nachkommen nach Raitz in Mähren geführt, von dort wurde es auf Anregung des Wiener Alterthumsvereines wieder nach Wien, und zwar in die neue „Votivkirche", bald nach ihrer Einweihung 1878, zur Aufstellung gebracht.

[21] Zeile 624: Diese Klöster bestehen nicht mehr, nur die Anna-, Jakober-, Laurenzerberg- und Himmelpfortgasse in der inneren Stadt erinnern daran.

[22] Zeile 629: Diese Kirche ist heute im Volksmunde „Zu Mariastiegen" benannt, sie ragte auf der jetzigen Höhe und zur Zeit bereits in jetziger Gestalt, doch „am Gestade", also „auf der Gstätten", und konnte sich vormals in dem Wasser der Donau spiegeln.

[23] Zeile 648: Ist heute noch im „Alten Rathhause", an dessen Rückseite in der Salvatorgasse und den Altkatholiken eingeräumt.

[24] Zeile 783: Ein Mut war mehr minder in der Zeit wandelbar, bedeutete 11 bis 12 Metzen, also 7 bis 8 Hektoliter. Ein Pfund Pfennig beiläufig 1 Gulden.

[25] Zeile 818: Gries, von Greis klein, dann Bröckelgestein, auch „Geriß", Zerrissenes, Zerbröckeltes, ist demzufolge eine Benennung, die sich mehrfach für Uferstellen findet und heute noch im Salzgries, der Gries, wo Salz abgelagert wurde, erhalten findet.

[26] Zeile 844: Jene Zeit kannte nur Holzkohlen, und es bildete der „Kohlenbauer", der mit seinem hochbeladenen Wagen zur Stadt kam, namentlich aus Berggegenden, eine besondere Erscheinung bis auf die Neuzeit.

[27] Zeile 889: Nicht alle hier genannten Fische konnte ich aus Schmeltzl's Aufzählung mit den heute verständlichen Namen bezeichnen. Es blieben mir fraglich: Seepunkel, Wachsfisch, Schiegerl, Stretzl, Baddieren, die anderen hier stehenden und selteneren Namen finden sich in Brehm's Naturgeschichte, oder auch in derselben aus dem alten Geßner entnommen.

[28] Zeile 1035: Wolfgang Lazius, Docter der Medicin, Professor und Rector der Universität, Polyhistor, schrieb auch eine Geschichte Wiens (lateinisch, wurde übersetzt) erbte von seiner Mutter, die aus einem Geschlechte war, das Wien Bürgermeister gab, den nach ihm benannten Lazenhof zwischen Juden- und Rothgasse, war 1514 geboren, starb 1568.

[29] Zeile 1043: Sebastian Schrantz, Bürgermeister 1547 und 1548.

[30] Zeile 1049. Sebastian Hutstocker wurde des Vorigen Nachfolger 1549 und 1550.

[31] Zeile 1052: Leopold Ofner, Stadtrichter von 1544 bis 1546, dann wieder 1550 und 1551.

[32] Zeile 1059: Hans Prock war Stadtrichter 1549.

[33] Zeile 1062: Christof Hayden wurde Bürgermeister 1551 und 1552.

[31] Zeile 1073. Thomas Siebenbürger, aus der historisch sehr bedeutenden Familie, Bürgermeister 1560 und 1561.

[35] Zeile 1074: Math. Prunnhofer, Bürgermeister 1564 und 1565.

[36] Zeile 1078: Das Geschlecht der Hüttendorfer gab eine Reihe von Stadtrichtern.

[37] Zeile 1148: Die Viertel waren bis Mitte dieses Jahrhunderts in Geltung. Das Wiedner-, Widmer- auch Wibmer und Wimmerviertel genannt; das Stubmer, von den Bädern, also Stuben (Stufa Ofen) und dem Stubenthore so genannt; das Schotten-, von Stift und Herrschaft des Stiftes, sogenannte Schottenviertel; und das Kärntnerviertel. Kärntnerstraße und Kärntnerthor einschließend.

[38] Zeile 1291: Katze, ein hochaufragender Vorsprung, ähnlich Cavalier, in den Befestigungsbauten oder Basteien.

[39] Zeile 1299: Hermes Schallauter, war kaiserlicher Baudirector, entstammte einer Rathsherrenfamilie, Neffe des Lazius und war 1538 und 1539 Bürgermeister. Er schrieb Alterthumswerke und sein Onkel die Noten dazu. Er starb 91 Jahre alt.

[40] Zeile 1600: Dieser Wunsch ist kaum in Erfüllung gegangen, dafür nichts zu finden, dagegen wahrscheinlicher, daß auf dem Steinfelde der Feind über sein Grab flüchtete.